GÜTERSLOHER
VERLAGSHAUS

Gütersloher Verlagshaus. Dem Leben vertrauen

Dörthe Binkert, Dr. phil., war viele Jahre
Cheflektorin und Programmleiterin in einem
großen Verlagshaus und arbeitet heute
als freie Beraterin für Autoren und Verlage
in Zürich. Diverse erfolgreiche Publikationen
zu Frauenthemen.

Dörthe Binkert

Den Schlüssel kannst du ja behalten

Was kommt, wenn die Kinder ausziehen

Gütersloher Verlagshaus

Bibliografische Information der Deutschen Nationalbibliothek
Die Deutsche Nationalbibliothek verzeichnet diese Publikation
in der Deutschen Nationalbibliografie; detaillierte bibliografische
Daten sind im Internet über http://dnb.d-nb.de abrufbar.

1. Auflage
Copyright © 2007 by Gütersloher Verlagshaus, Gütersloh,
in der Verlagsgruppe Random House GmbH, München

Dieses Werk einschließlich aller seiner Teile ist urheberrechtlich
geschützt. Jede Verwertung außerhalb der engen Grenzen des Urheberrechtsgesetzes ist ohne Zustimmung des Verlages unzulässig
und strafbar. Das gilt insbesondere für Vervielfältigungen, Übersetzungen, Mikroverfilmungen und die Einspeicherung und Verarbeitung in elektronischen Systemen.

Umschlaggestaltung: Verlag
Satz: PER Medien+Marketing GmbH, Braunschweig
Druck und Einband: Clausen & Bosse, Leck
Printed in Germany
ISBN 978-3-579-06973-9

www.gtvh.de

INHALT

Der Tag X	9
Mein Gott, ist die Wohnung leer!	14
Wie war das damals, als du auf die Welt kamst?	22
Zufluchtsort, Museum oder Gästezimmer?	26
Und die Wäsche macht jetzt wer?	32
Wie ordentlich will ich eigentlich werden?	38
Den Schlüssel kannst du ja behalten	43
Hat er schon mal gesagt: »Ich muss jetzt heim«?	48
Wie schön, dass sie weg sind!	51
Für sich selbst sorgen	54
Aber still ist es schon	59
Biologisch habe ich meine Rolle erfüllt	62
… aber anrufen könnte er trotzdem	66
Ich bin halt nie dazu gekommen …	68
Im Musée d'Orsay	73
Als wär's ein Stück von mir	75
Aufgeschoben ist nicht aufgehoben!	78
Wie neu geboren, nur mit Fettpölsterchen	81
Das prickelnde Gefühl wie vor 20 Jahren	87

Wie begehrenswert bin ich noch?	90
Wenn die Freiheit plötzlich Flügel verleiht	95
Wo warst du eigentlich die ganze Zeit?	98
Erst jetzt bin ich wirklich Single!	103
Bei welchem Kind ist es am schlimmsten?	108
Von Müttern und Nicht-Müttern	115
Aus den Augen, aus dem Sinn	118
Also ich ruf jetzt nicht an!	121
Unsere Kinder als Vorbild	125
Die neue Freiheit – schon wieder dahin?	129
Ich koche dann mal für dich!	133
Über sieben Brücken musst du gehen ...	141
Weißt du noch, als wir ...?	145
Gerade ging es mir endlich gut!	147
Und wie ist das mit dem Geld?	150
Respekt und Liebe	153
Hotel Mama	156
O Gott, ich hab' versagt!	162
Neue Ziele, neue Aufgaben	165
Freunde, auch eine Art Familie	168
Vom Geschenk, Mutter (gewesen) zu sein	171
Die Fähigkeit zu lieben bleibt	173

Eure Kinder sind nicht eure Kinder.
Sie sind die Söhne und Töchter der Sehnsucht des Lebens
nach sich selber.
Sie kommen durch euch, aber nicht von euch,
und obwohl sie mit euch sind, gehören sie euch doch nicht.
Ihr dürft ihnen eure Liebe geben, aber nicht eure Gedanken,
denn sie haben ihre eigenen Gedanken.
Ihr dürft ihren Körpern ein Haus geben,
aber nicht ihren Seelen,
denn ihre Seelen wohnen im Haus von morgen,
das ihr nicht besuchen könnt, nicht einmal in euren Träumen.
Ihr dürft euch bemühen, wie sie zu sein, aber versucht nicht,
sie euch ähnlich zu machen.
Denn das Leben läuft nicht rückwärts,
noch verweilt es im Gestern.
Ihr seid die Bogen, von denen eure Kinder als lebende Pfeile
ausgeschickt werden.
Der Schütze sieht das Ziel auf dem Pfad der Unendlichkeit,
und Er spannt euch mit Seiner Macht,
damit Seine Pfeile schnell und weit fliegen.
Lasst euren Bogen von der Hand des Schützen
auf Freude gerichtet sein;
denn so wie Er den Pfeil liebt, der fliegt,
so liebt Er auch den Bogen, der fest ist.

―――

Khalil Gibran

Einleitung

Der Tag X

Ich war so traurig und so glücklich wie schon lange nicht mehr.

Und das alles an einem Tag – dem Tag, an dem mein Sohn auszog. »Morgen kommen die Umzugsleute«, hatte er am Abend vorher gesagt und dabei zartfühlend meine Hand genommen. Als wolle er einem Herzinfarkt seiner Mama vorbeugen. Ich erschrak zu Tränen. MORGEN! Und das sagt er mir JETZT!

Dabei war an sich nichts Überraschendes dabei, bis auf die späte Ankündigung des Augenblicks. Denn dass mein Sohn auf der Suche nach einer Wohngemeinschaft war, wusste ich schon lange.

Der Umzug musste professionell vonstatten gehen, denn »weißt du, das Klavier muss durch ein enges altes Treppenhaus in den vierten Stock«. Das Klavier, das ich mir zu meinem Vierzigsten geschenkt hatte, um endlich Klavierspielen zu lernen! Mein Sohn hatte mich dann schnell überflügelt, sechs war er damals und entzückt von den Tönen, die er den Tasten entlocken konnte. Es wurde ganz schnell sein Klavier, und ich habe es ihm dann offiziell mit Schlüsselübergabe geschenkt.

NIE MEHR würde er jetzt, während ich das Abendessen kochte, seinen Improvisationen nachhängen und ich mich in unserer kleinen Küche wie in einer Jazz-Bar fühlen.

Es war Mai, die Sonne schien mild von einem blankgeputzten blauen Himmel. Der Transporter stand vor der Tür, ruckzuck verschwanden die alten Kinderregale, die Kommode, das Bett, Plakate, Vorhänge. Das Klavier verlangte eine langsamere Gangart. »Wir bringen das jetzt alles in die neue Wohnung, und dann komm ich noch mal zurück und wir essen zusammen zu Mittag, okay?« Die NEUE WOHNUNG. SEINE NEUE WOHNUNG. Ich nicke. Ich habe einen Geburtstagskuchen für ihn gebacken, er steht noch unberührt da. »Mit dem Kuchen zum Nachtisch!« Das liebe Kind. Mein Sohn ist ein einfühlsamer Mensch. Wahrscheinlich hatte er selbst seine liebe Mühe: »Wie sag ich's meiner Mutter?«

Und es dann laut vor sich und mir auszusprechen, dass nun ein neues Leben beginnt.

Für uns beide.

Ich stehe in dem leeren Zimmer. Zwanzig Jahre lang war es sein Zuhause. Erst stand das kleine Gitterbett da, dann das Doppelstockbett, damit auch immer ein Freund hier übernachten konnte. Die Kommode war vom Trödel, eine schöne alte Bauernkommode aus Tannenholz. Den alten Holztisch mit der Besteckschublade und den gedrechselten Beinen hat er dagelassen. Ich stehe in dem leeren Zimmer und weiß nicht, was ich mit dem Raum anfangen soll, der keine Funktion mehr hat. Saubermachen. Das ist immer gut. Staubmäuse aufwischen, Fenster putzen. Das Zimmer darf nicht leer bleiben, ich muss gleich was damit machen. Ein Gästezimmer soll daraus werden, jetzt, sofort. Gleich, wenn mein Sohn zurückkommt, soll er mir helfen, das Bett aus meinem Büro hinüberzubringen. Und diesen Sessel aus dem Wohnzimmer stelle ich auch da hinein, und den Stuhl. Der passt zu dem Tisch. Das kann ich gleich selbst machen. Ich setze mich auf den Stuhl an den Tisch und schaue aus dem Fenster. Die Tränen rollen mir übers Gesicht, hinterlassen kühle Spuren auf den Wangen.

Dann schellt es an der Tür. Ich putze schnell die Nase.

»Bist du allein? Darf ich ein bisschen zu dir kommen?«

Es ist der kleine Dominik, einer von den Drillingen, die über mir wohnen. Er und seine Brüder kommen dieses Jahr in die Schule. Ich lasse ihn herein. Er setzt sich auf das Sofa im Wohnzimmer.

»Gell, der Julian ist weg?«, sagt er.

»Hm«, sage ich.

»Ich bleib ein bisschen hier«, sagt er und legt die Hände gefaltet in den Schoß. Das ist wunderlieb von dir, denke ich und sage: »Ist dir nicht langweilig? Ich hab gar nichts Schönes für Kinder zum Spielen oder Angucken hier …« Der Kleine schüttelt den Kopf.

»Nein«, sagt er, »mir ist nicht langweilig.«

»Dann putze ich ein bisschen weiter«, sage ich. »Der Julian kommt aber nachher noch mal zurück zum Essen. Wenn du willst …«

»Dann ess ich mit euch«, sagt Dominik.

Er wird nie wissen, wie zauberhaft er an diesem Tag gewesen ist und wie sehr er mich getröstet hat.

Es gibt Wunder, die wirklich geschehen.

Ich bin traurig. Aber alles hat seine Richtigkeit. Kinder fliegen aus, wenn sie flügge sind. Jedenfalls sollte es so sein. Mein Sohn ist 22, hat eine Lehre beendet, die Welt bereist. Jetzt lässt er sein altes Zuhause zurück, wie das Küken die Eierschalen.

Wir umarmen uns lange, nach dem Geburtstagskuchen, ganz fest. Nachdenklich hat er in dem neuen Gästezimmer gestanden. So schnell ist die Kinderwelt ausgetrieben auf einmal. Dann ist er wirklich gegangen.

Ich halte es nicht in der Wohnung aus. Die Sonne scheint noch immer, die Tage sind lang, es ist später Nachmittag. Ich beschließe, ins Kino zu gehen. Zu Fuß. Der Weg ins Zentrum ist auf dem ersten Teil der Strecke der alte Weg zum Kindergarten. Fast zwanzig Jahre ist das her, da sind wir hier jeden Morgen entlanggegangen, seine Patschhand in meiner. Eine merkwürdige Mischung aus Wehmut, Freude und Dankbarkeit krampft mir das Herz zusammen: aus dem kleinen pummeligen Zwerg ist ein gesunder, gut aussehender junger Mann geworden, der sich auf das Leben freut, das vor ihm liegt.

Was will man mehr?

Frühlingsluft, weich und mild. Wie damals, als ich zum Studieren in diese Stadt kam. Damals … Plötzlich fühle ich mich leicht, als ob mir Flügel wüchsen, die alten Träume mich wieder trügen, die Neugier auf das Leben.

Meine Schritte werden immer beschwingter. Ein großes Stück Verantwortung darf ich jetzt abgeben. Ich bin wieder frei. Ein jungfräulich neues Leben liegt vor mir. Wie damals, ALS ICH NOCH JUNG WAR.

DER ABSCHIED

Mein Gott, ist die Wohnung leer!

Man kann es drehen und wenden, wie man will – wenn sie ausziehen, die Söhne oder Töchter, entsteht ein leerer Raum.

Nicht nur in der Wohnung oder im Haus. Auch im eigenen Inneren.

Vielleicht warten Sie schon lange darauf, dass Ihr friedlicher Nesthocker den Absprung endlich schafft. Vielleicht hat es mit Ihrem Sohn oder Ihrer Tochter in der letzten Zeit nur noch Krach und Unfrieden gegeben. Vielleicht finden Sie aber auch, Ihr Kind, mit dem Sie sich so gut verstehen, zieht viel zu früh aus. Sie oder er ist doch noch ein halbes Kind!

Eins steht in diesem Fall fest: Sie – die Mutter – sind noch nicht reif für den Auszug.

Was für ein merkwürdiges Gefühl, wenn die Tür hinter ihnen ins Schloss fällt. Ciao, hat Ihr Sohn, Ihre Tochter noch gerufen, fröhlich oder entnervt, je nachdem, wie Sie zueinander standen in der letzten Zeit. Nicht, dass sie nicht zurückkämen. Nicht, dass Sie sie verlieren. Aber Ihr Leben wird sich ändern. Es wird nie mehr sein, wie es war.

Das Gleichgewicht, das Sie in der Familie immer wieder aufs Neue miteinander errungen und nach Möglichkeit aufrechterhalten haben, ist aus den Fugen. Und Ihr Leben auch. Für einen Augenblick wenigstens. Manchmal auch für länger.

Das Leben nimmt eine neue Richtung, ob Sie Lust darauf haben oder nicht.

Mit den Veränderungen im Leben ist es eine schwierige Sache. Menschen neigen dazu, dort zu bleiben, wo sie sich einmal eingerichtet haben, ob es ihnen (oder den anderen) bekommt oder nicht. Veränderungen machen Angst. Und es *ist* eine große Veränderung, wenn die Kinder das Haus verlassen. Erinnern Sie sich noch daran, als Ihr erstes Kind geboren wurde? Das war ein gewaltiger Einschnitt in Ihrem Leben. Größer und anders, als Sie es sich damals vorstellen konnten.

Wenn die Kinder das Haus verlassen, ist das ein großer Einschnitt in Ihrem Leben. Erkennen Sie an, wie groß dieser Einschnitt ist.

Einschnitte unterteilen das Leben in Lebensabschnitte. Es gibt eine Zeit vor und eine Zeit nach einem einschneidenden Ereignis – und oft eine Übergangszeit, die den Einschnitt vorbereitet und auch wieder – wie eine Wunde – verheilen lässt und eine neue Zeit im Leben vorbereitet.

Wenn die Kinder ausziehen, steht Ihnen eine Zeit des Übergangs bevor.

Zeiten des Übergangs sind Zeiten der Verunsicherung und der Verletzlichkeit. Zeiten, in denen wir uns häuten müssen. Und während sich die eine, uns vertraute Haut abgelöst hat, ist die neue Haut noch zart und empfindlich. In ihrem Ablauf beschleunigen kann man diese »Zeit der Schwäche«, die jedem Neuanfang vorausgeht, nicht. Negiert man sie, so holt sie einen später ein.

Seien Sie also geduldig und gehen Sie in dieser Zeit möglichst sorgsam und freundlich mit sich um.

Wenn die Kinder gehen,
betreten Sie die Schwelle zu einem
eigenen neuen Lebensabschnitt.
Dieser Übergang braucht Zeit.
Zeiten des Übergangs machen verletzlich
und dünnhäutig. – Seien Sie geduldig
und sorgen Sie jetzt gut für sich.

Es ist charakteristisch für Zeiten des Übergangs, dass sie als ambivalent erlebt werden. Es sind widerstreitende, oft gegensätzliche Gefühle, die jetzt auftauchen: Trauer und Erleichterung, Ärger und Freude, Deprimiertheit und Aufbruchsgeist, und manchmal alles gleichzeitig. Ein hier und da etwas schwer verdaulicher Cocktail, der zu Katerstimmung führen kann!

Alle Gefühle und Gedanken,
die Ihnen jetzt durch den Kopf gehen,
haben ihre Berechtigung.
Sie sind eine normale Reaktion
auf die Situation,
mit der Sie konfrontiert sind.

Vielleicht meinen Sie, Sie hätten kein Recht darauf, traurig zu sein. Denn Sie wussten ja immer: Irgendwann ziehen die Kinder aus. Das ist schließlich der Lauf der Dinge. Jeder weiß das, selbst Mütter.

Das ist richtig. Aber die Vernunft hat nicht immer das letzte Wort. Oder besser: sie hat nicht das einzige Wort und sie hat auch die Weisheit nicht immer mit Löffeln gefressen. Über unsere Gefühle hat sie oft keine Macht. Und Trauer ist ein gutes Gefühl. Lassen Sie Ihre Traurigkeit zu. Wie soll etwas Neues beginnen, wenn das Alte nicht betrauert und damit verabschiedet wurde?

Wenn der Abschied von einer früheren Lebensphase gar nicht schwer fällt, müsste man sich doch fragen, ob denn wirklich nichts Schönes daran gewesen ist, was einen schmerzlichen Abschied lohnt ...

Tränen helfen beim Trauern. Sie lösen die krampfhaft vernünftigen Gedanken und schwemmen alles Mögliche mit sich fort: Frust und Ärger, Zweifel und Angst. Und davon abgesehen: Auch ein fettes Selbstmitleid von Zeit zu Zeit wirkt Wunder.

Nach dem Regen ist die Luft sauber und klar. Und nach einem richtig schönen Weinen sieht man wieder mit Weitblick in die Ferne und die Zukunft.

> Geben Sie der Trauer nach.
> Es ist die Trauer,
> die den Weg für Neues bereitet.

Besonders in Zeiten des Übergangs helfen Rituale, eine Situation bewusst zur Kenntnis zu nehmen, Altes zu verabschieden, Neuem den Weg zu ebnen. Oft greift man ganz instinktiv zu einem Ritual, um etwas besser zu bewältigen, zu feiern oder loszulassen. Das Putzen, zu dem ich nach dem Auszug meines Sohnes spontan Zuflucht genommen habe, ist ebenso ein Ritual wie ein gemeinsames Essen nach vollbrachter Tat, wie mein Sohn es damals vorgeschlagen hat.

All das hilft, die Dinge zu akzeptieren, wie sie nun einmal sind: saubermachen, ein gemeinsames Essen, gemeinsam ins leer gewordene Zimmer treten, bewusst die Türe hinter jemandem schließen.

Es gibt so viele Möglichkeiten, ein Ritual zu begehen, wie es individuelle Menschen und Beziehungen gibt. Und trotzdem haben Rituale etwas, was das Individuelle übersteigt und auf etwas allgemein Menschliches verweist. Deshalb sind sie auch so tröstlich und hilfreich: Menschen sind zwar sehr unterschiedlich, aber so unterschiedlich dann auch wieder nicht. Im Rahmen eines Lebens durchlaufen wir alle die gleichen Lebensphasen und machen mehr oder weniger ähnliche Erfahrungen. Das ist tröstlich. Wir sind mit unseren Erfahrungen nicht allein auf der Welt. Schon in Urzeiten haben die Menschen Rituale entwickelt, die diese allgemeinmenschlichen Erfahrungen festhalten, verallgemeinern und in einer rituellen Handlung »verarbeiten«.

Das scheint weit weg zu liegen, wenn man sich ans Putzen macht oder sich zusammen zum Essen an den Tisch setzt. Das ist aber nur scheinbar so: Reinigungsrituale spielen in allen Kulturen und Religionen eine wichtige Rolle, und überall auf der Welt besiegelt man einen Vertrag, ein Abkommen, eine wichtige Veränderung mit einem Essen, beschwört und bestätigt feierlich, was immer wieder Bestand haben soll, oder nimmt von Gewesenem Abschied. Denken Sie nur an die vielen Geschäftsessen, politischen Empfänge, Jubiläen, Hochzeiten, Geburtstagseinladungen und schließlich den Leichenschmaus.

Aber auch im Alltag geben uns kleine Rituale Halt und Struktur und damit die Sicherheit, die wir brauchen, um den Geist immer wieder auch dem Neuen öffnen zu können.

Begehen Sie, falls er Ihnen noch bevorsteht, den »Abschied« und den Auszug Ihres Kindes mit einem gemeinsamen Ritual und finden Sie auch ein Ritual für sich selbst, das zu diesem Abschied stimmt. Das kann ein duftendes Bad sein, dem Sie »wie neu geboren« entsteigen, ein Spaziergang, mit dem Sie Ihre Wohnung verlassen, Abstand nehmen und sie wieder neu betreten, oder eine Einladung für Freunde, mit denen Sie diesen Augenblick des Abschieds teilen möchten. Vielleicht möchten Sie aber auch nur für eine Weile ganz mit sich allein sein, eine bestimmte Musik hören oder mit Ihrem Mann und dem Rest der Familie zusammensitzen, wenn noch andere Kinder im Haus sind.

Begehen Sie den Auszug Ihres Kindes
mit einem gemeinsamen Ritual
und schenken Sie sich auch ein Ritual
ganz für sich allein,
das Ihnen in diesem Moment gut tut.

Erinnerungen

Wie war das damals, als du auf die Welt kamst?

»Hallo, hallo! Hören Sie mich? Sie haben einen Sohn! Sie haben einen Sohn bekommen. Sehen Sie? Hier, hier ist er. Er hat ganz große Augen, schauen Sie …«

So bin ich vor über 23 Jahren aus der Narkose aufgewacht, Kaiserschnitt, und die Schwester legte mir ein Kind in den Arm, das mich mit großen ernsten Augen ansah. Es war, als stiege ich mühsam aus einem tiefen, dunklen Brunnen wieder ans Tageslicht. Das kleine, merkwürdig fremde Wesen holte mich in die Welt zurück. Da war die Intensivstation, ein Mann mit Tränen in den Augen, der mir die Hand hielt. Ich war Mutter geworden.

Alle Mütter erinnern sich ein Leben lang an den Moment der Geburt ihrer Kinder, und es tut gut, jetzt, wo eines auszieht, diese Erinnerung wiederaufleben zu lassen. Lassen Sie sich alle Zeit dafür!

Dabei werden Sie etwas Erstaunliches bemerken: Sie haben schon einmal einen »endgültigen« Abschied von Ihrem Kind genommen – nur haben Sie es damals ganz anders empfunden. Damals, als Sie Ihr Kind bekommen haben. Sie haben den Schmerz der Geburt schnell vergessen. Aber damals war er da. Und wie! Und auch damals war es ein Trennungsschmerz, den Sie durchlebt haben, nur war er – im Gegensatz zu heute – sehr körperlich und Sie haben ihn anders wahrgenommen und interpretiert. Damals hat Ihr Kind Ihren Leib verlassen, und diese erste schmerzhafte Trennung war unwiderruflich, endgültig.

Die Ankunft des Kindes ist zugleich der Abschied von der Symbiose, der umschließenden und ausschließlichen Einheit mit der Mutter. – Die Sehnsucht nach dieser Verschmelzung ist unserem Körper buchstäblich eingeschrieben und im Laufe eines ganzen Lebens nicht auszurotten. Bis zum Tod träumen wir vom Einssein-Können mit einem anderen Menschen, auch wenn dieses Paradies längst verloren ist.

Auch die Geburt ist ein einschneidendes Erlebnis, das starke und gleichzeitig ambivalente Gefühle erzeugt:

überwältigende Freude, aber auch Zweifel, ob man alles richtig machen wird (zumindest beim ersten Kind), Angst, dass die Freiheit für lange beschnitten ist, Sorge, dass die Beziehung zum Partner unter dem anstrengenden Familienleben leiden könnte, Trauer, dass die eigene Jugend mit der Familiengründung endet. Erinnern Sie sich daran?

Das Haus ist in der Psychologie, in Träumen und Bildern oft ein Symbol für den Körper. Bei der Geburt verlässt das Kind die Pforte des mütterlichen Leibes, und symbolisch betrachtet wiederholt sich dieser Vorgang noch einmal, wenn die Kinder das elterliche Haus verlassen, sie aus der Tür treten, sie hinter sich schließen und ein eigenes »Heim« und Leben begründen. Der Lebensraum hat sich in Stufen erweitert: Im Mutterleib ist das Kind noch ganz geschützt, im Elternhaus kann es sich sozusagen in einem »erweiterten Mutterleib« entwickeln und schrittweise die Welt erkunden, von seinen Expeditionen aber immer wieder in einen Raum der Geborgenheit zurückkehren – bis es den Kreis sprengt und ganz auf eigenen Füßen zu stehen versucht.

Schauen Sie ruhig
die alten Babyfotos an und
erinnern Sie sich an die starken Gefühle,
die Sie damals empfunden haben.
Auch die Geburt war bereits ein Abschied.
Damals schon haben Sie Ihr Kind
an die Welt »verloren«, auch wenn es erst
noch ganz auf Sie angewiesen war.
Jetzt, wo dieser Prozess abgeschlossen ist
und Ihr Kind wirklich in die Welt
hinausgeht, haben Sie noch einmal
ähnlich starke Gefühle.

WAS MACHEN MIT DEM NEU GEWONNENEN RAUM?

Zufluchtsort, Museum oder Gästezimmer?

Ich kenne Ihre Situation natürlich nicht, aber bei mir war es so, dass ich schon eine ganze Weile wusste, dass mein Sohn ausziehen würde – sobald er eine andere Wohngelegenheit gefunden hätte. Eigentlich war er schon einmal gegangen. Nach Abschluss seiner Lehre war er fast ein Jahr auf Reisen, und schon damals war klar, dass er nach seiner Rückkehr nicht mehr auf Dauer bei mir einziehen würde: Es war einfach ein Abschied in zwei Schritten.

Ich weiß noch, wie er sich damals, beim »ersten Abschied«, den schweren Seesack über dem Rücken, ein letztes Mal umdrehte und mir zuwinkte. Er war aufgeregt, ich voller ängstlicher Sorgen. Dubai – Bombay, das waren die ersten Stationen. Orte, an denen ich noch nie gewesen bin. Eine Millionenstadt in Indien, wie würde er sich ganz allein dort zurechtfinden? Wo würde er übernachten, wie weiterreisen? Ein Handy hatte er nicht, aber er wollte sich hier und da per E-Mail melden. Ich machte mir Sorgen, wenn ich über eine Woche nichts hörte. Tsunamis schlugen an die Küsten der Länder, in denen er sich aufhielt. Politische Wirren herrschten in den Gebieten, die er noch besuchen wollte.

Und ich war zum ersten Mal im Leben wirklich ganz allein. Immerhin war ich in diesem Jahr selbst sehr viel unterwegs, und das Gefühl der Einsamkeit wurde verdrängt von der Sorge und der großen Freude auf das Wiedersehen mit einem Sohn, der sich die Welt erobert haben würde.

Auf jeden Fall hatte ich Zeit genug, mich auf den endgültigen Abschied einzurichten. Mir Gedanken zu machen, was danach kommen sollte.

Viele Mütter werden kälter erwischt und können sich nicht auf die Nachricht »Ich ziehe aus!« vorbereiten. Es kann ein sehr nasser Waschlappen sein, der einem da ins Gesicht schlägt.

Zunächst aber, ob kalt auf dem linken Fuß erwischt oder lange vorbereitet, wird man in jedem

Fall zu einer Auseinandersetzung mit der äußeren Leere gezwungen. Das Loch in der Seele kann man unter Umständen eine Weile negieren, vor einem leeren Zimmer kann man die Augen schon schwerer verschließen. Tür zu und nicht mehr dran denken, ist vielleicht die erste Reaktion. Je mehr Platz da ist, umso einfacher ist es, eine ganze Weile Vogel Strauß zu bleiben. Aber selbst das ist ein Anfangspunkt in einer langen Zeit der Verarbeitung: eine erste Handlung, um mit der neuen Situation fertigzuwerden.

Umso besser, wenn Sie den Drang haben, das Zimmer wenigstens zu putzen, ehe Sie die Tür zumachen. Denn das heißt, Sie haben schon so viel Mut, sich der Leere ein paar Stunden auszusetzen!

Aber mit dem leeren Kinderzimmer ist es wie mit dem verschlossenen Zimmer im Märchenschloss, zu dem in diesem Fall wir selbst uns den Zugang verboten haben: es beschäftigt uns in Gedanken immer wieder, solange wir es nicht wieder geöffnet und eine Lösung gefunden haben, auch diesen Raum in unser Leben zu integrieren. Das kann sich einfach und harmonisch ergeben oder aber ein erstaunlich schwieriger Prozess sein. Vielleicht sind Sie selbst überrascht, wie schwer Sie sich damit tun.

»Das Kind soll sich doch nicht von zu Hause vertrieben fühlen!«, denken Sie. »Wir sind jederzeit für dich da«, sagen Sie, »du hast hier immer ein Bett zum Schlafen, hörst du!« Die Fäden sollen nicht reißen. Es ist nur ein kleiner Schritt von diesem Satz zu dem Wunsch: Alles soll bleiben, wie es war. Unsere Kinder teilen zumindest unbewusst diesen Wunsch. Denn auch sie erleben den Auszug von zuhause als ambivalent, und mögen sie noch so sehr überzeugt sein, dass sie nur noch eins wollen: weg!

Manchmal nehmen sie all ihre Sachen mit, manchmal lassen sie fast alles da. Dann braucht es nicht viel innere Überzeugungsarbeit und schon ist das Bett im Kinderzimmer frisch bezogen und wartet im Dornröschenschlaf auf seinen früheren Besitzer. »Hier bei uns hat sie immer einen Zufluchtsort!« – »Wenn er zu Besuch in der Stadt ist oder zu Weihnachten kommt, kann er gut hier übernachten.«

Es braucht nicht viel, und aus dem Zimmer ist ein Museum geworden, ein Angedenken an Zeiten, die in der Erinnerung immer schöner werden. Hier und da muss man Staub wischen, aber sonst scheint alles unverändert. Fast. Nur das Kind, das Kind wohnt nicht mehr hier.

Ich bin keine Sammlerin. Ich bin eine Wegschmeißerin. Ich wollte kein Museum alter Zeiten bewahren. Obwohl ich den Raum dazu hätte. Ich wollte der »neuen Zeit«, die jetzt anbrach, aktiv begegnen. Sie gestalten, in die eigenen Hände nehmen. Mein Sohn hat jetzt eine eigene Wohnung. DIES IST JETZT GANZ ALLEIN MEINE WOHNUNG. Jeder Raum soll davon Zeugnis geben. Ich will keinen toten Raum in dieser neuen Wohnung. Und das Neue soll auch neu sein. Und die Nägel brauchen Köpfe.

Mein Sohn und ich haben diese Wohnung allein bewohnt. Ein eigenes Zimmer habe ich also schon seit langem.

Vielleicht leben Sie aber mit einer größeren Familie – Ihrem Mann, anderen Kindern, vielleicht sogar einem Elternteil.

Denken Sie nicht nur darüber nach, ob die Kinder, die noch bei Ihnen wohnen bleiben, mehr Platz brauchen. Oder ob Vati einen Bastelraum schätzen würde.

Denken Sie auch darüber nach, ob Sie genug Raum für sich haben. Genug Raum für Ihr neues Leben, das mit dem Auszug des ersten Kindes oder des einzigen Kindes mehr oder minder plötzlich beginnt.

Vielleicht möchten Sie gerne getrennte Schlafzimmer, weil Sie seit längerem nicht mehr so gut schlafen wie früher?

Oder Sie hätten gern einen Schreibtisch für sich. Einen Raum, in dem Sie Yoga machen und meditieren, lesen und schreiben, Freundinnen bei sich haben können.

> Nutzen Sie die Gelegenheit, sich zu fragen, was Sie schon lange vermissen. Jetzt können Sie im wahrsten Sinne des Wortes Raum dafür schaffen. Treten Sie ihn nicht leichtfertig zugunsten anderer ab. Nicht an die, die jetzt noch außer Ihnen in der Wohnung oder im Haus wohnen. Und auch nicht an Ihre Tochter oder Ihren Sohn, die oder der gerade ausgezogen ist und vielleicht eines Tages bei einem Besuch über Nacht bleiben möchte.

Ich habe aus dem Zimmer meines Sohnes ein Gästezimmer gemacht. Ich habe gern Besuch, aus aller Welt.

Und auch mein Sohn kann hier mein Gast sein.

DA GEHEN SIE, ABER WOHIN?

Und die Wäsche macht jetzt wer?

Eigentlich geht es uns nichts an, meinen unsere Kinder, aber wir fragen uns doch: Wie werden sie jetzt leben? Jetzt, wo wir Mütter nicht mehr in der Nähe sind, so ohne Schutz und Schirm? Nicht, dass uns gleich umtreibt, wie sie mit den großen Lebensfragen umgehen werden – das kommt erst später, wenn wir mehr Abstand haben –, nein, unsere Sorgen fangen schon bei den einfachsten Dingen an: Werden sie genug essen? Und nicht nur immer Hamburger, sondern was Richtiges? Werden sie sich auch warm genug anziehen? Die Mode ist ja ein Schrecken für die Nieren – diese bauchfreien, winzigen Shirts und tief geschnittenen Jeans!

»Brauchst du noch Kochtöpfe von hier?«, frage ich, »und hast du überhaupt Bettwäsche?« – »Mum«, weist mich mein Sohn freundlich zurecht und nimmt dann tatsächlich noch einen Kochtopf mit.

Und ob sie auch an die frische Luft gehen und die Bude genug durchlüften in ihrem neuen Heim? Und wenigstens ab und zu, also einfach hier und da, muss ja auch geputzt werden ...

Jetzt zeigt es sich, wie wir sie erzogen haben und was die Kinder – und auch wir selbst – ab sofort davon haben. Je mehr und zeitiger sie gelernt haben, mitzuhelfen und für sich selbst zu sorgen, umso leichter werden sie – und Sie! – es jetzt haben.

Was mich angeht, ich frage mich zwar, wie mein Sohn an diesem neuen Ort hausen wird, den er mir nicht vorgeführt hat, bevor er sich dort eingemietet, und dessen Adresse er mir bis jetzt noch nicht konkret mitgeteilt hat, aber im Grund habe ich keine wirkliche Sorge. Mit neun hat er seine eigene Wäsche gewaschen, mit zwölf konnte er schon ganz gut kochen, und was das Putzen angeht, so ist er eigentlich pingeliger als ich. Er bügelt gern, weil er großen Wert auf gutes Aussehen legt (seinem Modegeschmack folgend, nicht meinem), und vorsichtig mit seinem Geld war er schon als Kind, ganz im Gegensatz zur ab und zu aufbrechenden Verschwendungssucht seiner Eltern.

Später war ich eine alleinerziehende Mutter, und er hat einfach früh helfen müssen. Dafür hatten wir dann mehr Zeit, um etwas Schönes miteinander zu unternehmen. Deshalb hat er jetzt auch alle Fertigkeiten, um sich im Alltagsleben bestens zurechtzufinden.

Was also ist es, was mich jetzt rastlos an eventuell nicht vorhandene Kaffeetassen in seiner Wohngemeinschaft denken lässt? Und wie muss es erst sein für Mütter, die immer alles für ihre Lieben gemacht haben, was nach Hausarbeit aussieht? Christina Onassis konnte mit zwölf noch nicht ihre Schnürsenkel binden – so weit geht es zwar selten, aber immer noch sind viele Kids ja nicht daran gewöhnt, ihre eigenen Klamotten in Schuss zu halten und auch mal für die ganze Familie einzukaufen!

Ich hatte mal einen Freund, der brachte noch mit vierzig am Sonntag seine Wäsche zu Mama, damit sie sie in der folgenden Woche waschen und bügeln konnte, bevor sie den nächsten Sonntagsbraten aufsetzte. Aber das war in Italien ...

Was also muss Müttern im Kopf herumgehen, die ihren Kindern die Wäsche bisher gebügelt in den Schrank gelegt haben?

Ich kann nur von mir sprechen.

Der Verdacht drängt sich auf, dass ich in Wirklichkeit weniger Mühe damit habe, mir vorzustellen, dass mein Sohn seine Socken häufig genug wechselt, als mit dem Gedanken, dass ich nicht mehr für zwei sorgen kann, dass das wunderbare Gefühl, ganz konkret und jeden Tag etwas für andere, für die eigene Familie getan zu haben, mir abhanden kommen wird ...

Es war schön, für ein Kind zu sorgen.
Wer braucht mich jetzt?
Diese Frage versteckt sich oft
hinter vielen »oberflächlichen« Fragen.

Wenn es Sie wieder überkommt und Sie den Satz »Dann bring die Wäsche halt vorbei« nur gerade noch mühsam unterdrücken können, nehmen Sie sich eine Minute Zeit und fragen Sie sich, was Ihre Tochter oder Ihr Sohn kann und nicht kann und ob die mangelnde Erfahrung tödlich ist.

Er kann nicht bügeln? Wird es ihn umbringen, mit ungebügelten Klamotten herumzulaufen – ja, hat er je gebügelte tragen wollen?

Sie ist unordentlich und putzt nicht gern? Hat sie eine Stauballergie, die lebensgefährlich werden könnte?

Er isst zu wenig Salat? Hat er sich zuhause denn reichlich aus der Salatschüssel geschöpft? Und ist er schon mal an Vitaminmangel zusammengebrochen?

Verschläft sie sich häufig, auch bei wichtigen Terminen, wenn Sie sie nicht per Telefon wecken? Wird sie für den Schaden selbst gradestehen können? Vielleicht wird sie es einfach müssen, weil sie volljährig ist …

Sehen Sie, das Leben der Kinder ist gar nicht so schnell gefährdet. Nun atmen Sie tief durch. Ist es wirklich die Sorge, dass es Ihr Kind ohne Sie einfach nicht schafft? Ist es wirklich Ihre alte Funktion als Wecker, Putzfrau oder Köchin, die Sie vermissen? Oder haben Sie einfach Sehnsucht? Und spüren das Loch, das der Auszug in Ihre Seele gerissen hat?

Vertrauen Sie auf die Überlebenskräfte der Jungen und kochen Sie sich selbst ein schönes Essen. Sie haben es tausendmal verdient. Es ist schwer, ein Kind gehen zu lassen, egal wie sehr Sie es manchmal gehasst haben, als es noch faul in der Wohnung herumfletzte, ewig das Bad besetzte und Freunde immer dann anschleppte, wenn Sie mal Ihre Ruhe haben wollten.

Wenn Sie versucht sind nachzufragen,
ob Ihre Tochter sich auch warm anzieht
und Ihr Sohn richtig isst,
kochen Sie sich selbst ein schönes Essen
und machen Sie sich
einen gemütlichen Abend auf dem Sofa,
mit einer kuscheligen Decke
über den Knien.

Und wenn Sie fürchten, dass Ihr Kind einen Termin verpasst, wenn Sie es nicht daran erinnern, dann drehen Sie sich am Morgen des besagten Tages noch mal gemütlich im Bett herum, wenn Ihr eigener Wecker klingelt. Vielleicht kommen Sie selbst dann zu spät zur Arbeit. Schauen Sie, was passiert!

Ob Sie und die anderen es überleben?

WENIGER LEUTE BRINGEN WENIGER STAUB

Wie ordentlich will ich eigentlich werden?

Nun wohnt einer weniger, isst einer weniger, duscht einer weniger und fabriziert einer weniger Müll – der Haushalt verkleinert sich. Je kleiner er schon zuvor war, umso deutlicher ist der Auszug eines Kindes zu spüren. Irritiert stellen wir den überzähligen Teller, den wir gewohnheitsmäßig aus dem Küchenschrank genommen haben, wieder zurück. Wenn wir alleinerziehend waren, schaut uns eine einsame Frühstückstasse am Morgen entgegen. Das Bad bleibt länger sauber, der Eisschrank länger voll. Das Brot wird trocken. Die Pastete, die Sie am kommenden Abend Ihren Gästen servieren wollen, ist nicht über Nacht wie durch Geisterhand verschwunden. Und die ganz normale Begleiterscheinung des Lebens, der Staub, den wir aufwirbeln, der sich auf den Möbeln verteilt und den berühmten leichten Grauschleier erzeugt, ist schon fast etwas, was wir vermissen.

Wie viel nur ein Mensch weniger ausmacht! Kaum zu glauben.

Eine ordentliche Wohnung erfüllt Mütter durchaus mit Genugtuung. Ohne Kinder ist die Wohnungswelt sehr überschaubar, schließlich fallen uns die eigenen Marotten gar nicht auf, sondern immer nur die der anderen und besonders die der Jungen. Es ist nämlich gar nicht so, dass nur die Älteren merkwürdige Vorlieben entwickeln. Die Jungen tun es auch. Das fängt beim Zahnpastatube-Zuschrauben an und hört bei Kleiderhäufchen im Bad, säuberlich im Abwaschbecken der Küche gestapeltem, schmutzigem Geschirr und der übervollen Garderobe noch lange nicht auf.

Kurz, jetzt, nach dem Auszug, hält die Ordnung Einzug – oder man könnte auch sagen, unsere ganz eigene Unordnung, die wir für Ordnung halten. Aber diese sehr persönliche Ordnung wirft uns leider auch mächtig auf uns selbst zurück. Überall *wir* – unsere Schuhe im Eingang, unsere Jacken und Mäntel an der Garderobe, unsere Lieblingstasse ganz vorn im Regal, wo man sie blind findet, das Obst, das wir gerne essen, in der Obstschale, das Sofa glatt gestrichen für uns und alle CD's greifbar. Die Krümel in der Küche verschwinden, aber auch die Zettel am Kühlschrank »Ich bring was zum Abendessen mit!« – »Warte nicht auf mich, bin bei Karin.«

Etwas verloren stehen wir in unserem neuen Reich, das sich viel leichter regieren lässt als das frühere. In diesem neuen Reich braucht es weniger Abstimmung, gibt es weniger Widerstand, Revolte und Ärger, aber auch weniger Überraschungen, unerwarteten Besuch, zärtlich-flüchtige Umarmungen, vertraute Sprüche und gutgelaunte Zurufe oder in die Luft geworfene Küsse.

Mit dem Staub hat leider auch das Leben abgenommen.

Zunächst neigen Sie vielleicht dazu, die Zeichen der neuen Lebenssituation – es ist ja viel schneller sauber jetzt! – nicht einfach nur zu genießen, sondern perfektionistisch zu verstärken. Ein wahrer Ordnungsrausch ist das. Wie jetzt alles glänzt und strahlt! Nur schade, dass Ihr Mann seine Schuhe so achtlos abstreift, die Zeitung ewig herumliegen lässt und mit dem Wasser so um sich spritzt, wo doch die Wassertropfen auf dem makellos glänzenden Aluminium sofort Kalkflecken hinterlassen.

Plötzlich ertappen Sie sich dabei, dass die Spuren, die das Leben hinterlässt, Sie stören ...

Auch das ist eine Form von Trauer. Nur eine, die man nicht so leicht erkennt oder sich nicht eingesteht.

Saubermachen kann helfen, sich in einer Zeit der Desorientierung Struktur zu geben, sich neuen Durchblick zu verschaffen, die Gedanken zu ordnen, Platz für Neues zu machen.

> Machen Sie die Wohnung nicht zu einem
> Friedhof, von dem das Leben selbst
> verbannt ist mit all seinem Lärm
> und seiner beharrlich
> nachwachsenden Unordnung.
> Ihre Kinder haben nur ihr eigenes Leben
> mitgenommen, nicht aber das Ihre.

Wir sind schließlich noch nicht gestorben, nur weil sie nicht mehr in der Nähe sind.

Im Gegenteil: Machen Sie die Fenster weit auf und lassen Sie neuen Staub herein, den Klang von der Strasse, die Gerüche des Sommers und auch die der Knoblauchküche Ihres Nachbarn. Lassen Sie das

Bett ruhig mal ungemacht, die Tasse ungespült, die verblühten Tulpenblätter auf die Tischplatte rieseln: Sie leben hier! Verwischen Sie nicht alle Spuren Ihres Daseins! Je mehr Leben Ihre Wohnung ausstrahlt und spüren lässt, umso mehr Leben wird sie anziehen: Gäste und Freunde, Kollegen und Nachbarn und schließlich auch den Besuch Ihrer ausgezogenen Kinder.

Eine Freundin erzählte mir neulich strahlend, Ihr Sohn habe jetzt eine Freundin. Die Freundin wohnt in einer anderen Stadt, ist aber häufig übers Wochenende bei ihrem Freund, dem Sohn meiner Freundin, der seit einiger Zeit zuhause ausgezogen ist und eine eigene Wohnung bewohnt. »Und weißt du, was er mich gefragt hat? Ob er mit seiner Freundin in *unserer* Wohnung wohnen darf, wenn wir in den Ferien sind!«

BINDUNGSTRICKS

Den Schlüssel kannst du ja behalten!

Noch aber hat unsere Wohnung gar nichts Verlockendes für das soeben ausgezogene Kind – ganz im Gegenteil, der größtmögliche Abstand ist gerade recht. Sicher, es soll Töchter und Söhne geben, die oft vorbeischauen, aber der Normalfall ist das nicht. Wie auch? In ein eigenes Leben unterwegs sein, heißt Abgrenzung vom Alten, Gewohnten, Vertrauten suchen, ist das Abenteuer, das ganz Eigene zu finden.

Gerade wenn die Beziehung zu den Eltern gut ist, fällt das schwer. Eigentlich war es gar nicht so übel daheim, man hatte alle Freiheiten und doch ein Nest, in dem der Alltag funktionierte. Und täuschen wir uns nicht: Nicht nur vom regelmäßig gefüllten

Kühlschrank fällt ihnen der Abschied schwer: sie sind unsere Kinder. Sie lieben uns. Auch, wenn sie uns peinlich, dominant, anspruchsvoll und total daneben finden.

Sie gehen, aber sie kämpfen ihren eigenen Kampf damit.

Was über Jahre in enger Gemeinschaft gewachsen ist, braucht lange, um sich voneinander zu lösen. In manchen Familien erfolgt diese Loslösung langsam, schrittweise, gut dosiert. Das ist je nach Familie – aber auch je nach Kind in ein und derselben Familie! – verschieden. Manchmal ist der Schnitt radikal: Die Trennung kommt plötzlich, nach einem Streit, oder weil ein Studienplatz sich ganz überraschend in einer anderen Stadt auftut, in der Wohngemeinschaft der Freundin gerade ein Zimmer frei wird oder weil die große Liebe hereinbricht. Der Schnitt mag scharf und radikal sein wie der Skalpellschnitt eines Chirurgen; innerlich wird er deshalb noch lange nicht schneller verarbeitet.

In unserem eigenen Schmerz vergessen wir leicht, dass der Abschied von einer vertrauten Welt auch von den erwachsen werdenden Kindern mindestens ambivalent, meist aber ebenso schmerzlich erlebt wird wie von uns selbst.

Nun scheint alles auseinanderzufallen, gegensätzlich zu werden:

Sie sind jung – wir fühlen uns plötzlich alt.

Sie gehen fort – wir bleiben da.

Vor ihnen öffnet sich das Leben, als ob man einen Fächer aufschlüge – für uns nimmt die Vielfalt der Möglichkeiten immer mehr ab.

Und weil das so ist, wollen wir sie bei uns behalten, auch wenn es uns total nervt, wie rücksichtslos und egoistisch sie sich gerade neulich wieder verhalten haben. WEIL WIR AN IHREN MÖGLICHKEITEN UND IHRER JUGEND TEILHABEN WOLLEN. WEIL WIR EIN STÜCK WEIT ÜBER SIE LEBEN.

Natürlich geben wir das nicht zu. So wie die Kinder nicht zugeben, dass es ihnen schwerfällt, ohne uns zu leben.

Ich bin sehr findig gewesen. Ich habe nicht mal gesagt, »den Schlüssel kannst du ruhig noch behalten« – ich habe das Thema gar nicht angesprochen, und da wir uns nicht im Streit getrennt haben, hat mein Sohn Wichtigeres im Kopf gehabt, als seiner Mama den Schlüssel vor die Füße zu werfen oder in die Hand zu drücken. Der Schlüssel verbindet uns noch immer, hält eine kostbare Intimität aufrecht, ist sein Zugang zur »alten Welt«.

Ich habe keinen Schlüssel zu seiner »neuen« Welt.

Aber natürlich habe ich noch andere Tricks.
Als mein Sohn noch davon träumte, eines Tages Tramführer zu werden und die Straßenbahn der Linie 9 zu fahren, als er also noch sehr klein war, kannte er sich bestens mit solchen Tricks aus. Die Nummer 9 wollte er fahren, weil sie direkt vor unserer Haustür hält. »Dann steige ich mittags aus und esse bei dir zu Mittag«, sagte er und hatte damit den Stein des Weisen gefunden: weggehen und doch zuhause bleiben.

Aber auch wir »Alten« arbeiten beharrlich daran, wie man Fäden lockern und sie doch in der Hand behalten kann.

»Du, für dich kommt immer noch Post hier an. Kommst du sie mal abholen in der nächsten Zeit?« Nachschicken wär dann doch zu viel verlangt. Aber Kleider abändern, das können wir schon, wir haben ja eine Nähmaschine. »Komm doch vorbei, ich ändere dir das schnell«, bieten die Mütter den Töchtern an, plötzlich froh, dass die Süße nie richtig nähen gelernt hat.

Wir offerieren unseren ausgezogenen Kindern ihr Lieblingsessen und wissen, dieser Haken könnte verfangen. Wir bitten sie, mit uns die neue Brille auszusuchen: »Weißt du, ich sehe mich ja nicht richtig, wenn da noch keine Gläser drin sind, und du siehst besser, was mir steht.«

»Mein Rücken ist wieder ziemlich schlimm. Glaubst du, du könntest mal das Laub im Garten zusammenfegen?« – Selbst vor der Mitleidstour schrecken wir nicht zurück, wenn die Ködertour »Kommst du übers Wochenende mit nach Barcelona? Ich lade dich ein!« nichts gefruchtet hat.

Und in einem Anfall von Sehnsucht habe ich einmal sogar die Nachbarskinder bemüht: »Du, die Kleinen oben fragen ständig nach dir. Wann kommst du denn mal vorbei?«

Ziemlich mies, aber wer sagt denn, dass Erwachsene und Mütter immer souverän über der Sache stehen?

*Seien Sie nicht böse mit sich,
wenn Sie wieder mal einen üblen Trick
aus der Zauberkiste gekramt haben,
um Ihr Kind zu bewegen,
doch wieder mal bei Ihnen hereinzuschauen.
Mütter sind keine selbstlosen
Übermenschen. Solange Sie Ihr Verhalten
(irgendwann) durchschauen, ist es gut.
Erkenntnis ist der erste Weg zur Besserung!*

DAS NEUE ZUHAUSE
OHNE MAMA

> Hat er schon mal gesagt:
> »Ich muss jetzt heim!«?

Sie haben Recht. Wo kann es schöner und gemütlicher sein als bei Ihnen zuhause? Für Sie stimmt das ganz bestimmt! Und wenn Sie sich bei sich zuhause nicht wunderbar aufgehoben und geborgen fühlen, dann ist was falsch. Dann müssen Sie mal darüber nachdenken, ob Sie an Ihrer Wohnung etwas ändern müssen ...

Lange Zeit haben sich hoffentlich auch Ihre Kinder bei Ihnen so zuhause gefühlt wie Sie selbst. Das ändert sich nun. Das elterliche Zuhause wird zu einem zwar vertrauten, aber doch mit einem gewissen Abstand betrachteten Heim, in dem peinliche Hausschuhe älterer Menschen herumstehen und Sitten und Gebräuche herrschen, die einfach keine Weltgeltung beanspruchen können. Eine Freundin hat mich schonend auf den Schock vorbereitet. Man hat ihr angemerkt, er saß ihr noch ziemlich frisch in den Knochen.

»Hat er schon mal gesagt, ich muss aber gleich wieder *heim*?« Sie schaut mich erwartungsvoll an. Es würde ihren Schmerz lindern, wenn ich mit dem Kopf nicken würde.

»Nee«, sage ich, »ich hör' und seh' im Moment gar nichts von ihm. Ist alles noch sehr frisch.«

»Hm. Dann kommt das noch«, sagt sie, und, als hätte sie es gerochen, schellt es am nächsten Tag an meiner Tür. Das Gesicht meines Sohnes drückt deutlich aus, dass er in Eile ist.

»Hallo, Mum«, sagt er, »ich hab keine Zeit, ich muss nur das Saxophon vom Boden holen, muss gleich wieder heim!«

Sie hat Recht gehabt. Er muss *heim*. Und das ist nicht da, wo ich wohne und wo er 22 Jahre gewohnt hat. Das ist woanders, an einem Ort, an den er mich noch nicht eingeladen hat. Und schon ist das sein Zuhause, sein *Heim*. Ich hätte nicht gedacht, dass das so weh tut. Danke, liebe Evi, dass du mich auf diesen Schmerz vorbereitet hast. Die Dinge, die das Natürlichste auf der Welt sind, tun oft am meisten weh.

Wappnen Sie sich gegen Kränkungen,
die nicht im Geringsten so gemeint sind.
Kurz nach dem Auszug der Kinder
sind wir verletzlich und kränkbar
in dem Gefühl, »ohne uns finden sie
jetzt alles viel schöner«.
Je länger je mehr werden es die
ausgezogenen Kinder auch bei uns
wieder schön finden. *Auch*.
Tauschen Sie sich mit Freundinnen aus.
Das hilft!

SIND WIR NICHT ALLE RABENMÜTTER?

Wie schön, dass sie weg sind!

Keine Ahnung, wer beobachtet haben will, dass Rabenmütter Rabenmütter sind. Raben sind inzwischen selten geworden, und die schwarzen Vögel, die sich manchmal krächzend in den Bäumen niederlassen, sind Krähen. Aber der Begriff der Rabenmutter hält sich eisern, auch in unserem eigenen Denken. Ich habe mich immer erfolgreich dagegen gewehrt, mich als Rabenmutter zu fühlen, auch zu Zeiten, wo ich im Quartier die einzige Vollzeit arbeitende Mutter war. Aber selbst noch in der Negation ist die Vorstellung ja präsent. Wahrscheinlich geht es vielen Frauen in meinem Alter so, deren Kinder jetzt aus dem Haus sind. Also, wie immer man es nennt: Mütter sind durchaus häufiger mal ziemlich froh, dass die lieben Kinderlein nun draußen sind und selbst schauen müssen, wo sie bleiben.

Die Freude darüber, dass wir nun weniger Arbeit mit ihnen haben und mehr Zeit für uns selbst, für unsere Freundinnen und Hobbys, unsere beruflichen Pläne, unser Frühstück und unsere Fitness- und Wellnessträume, ist eine ganz normale, unschuldige, sozusagen von echtem Rabenschwarz unbeschmutzte Freude. Was spricht dagegen? Nichts. Die Kinder sind ja schließlich auch froh, dass sie nun nicht mehr ständig auf unsere Gefühle und Befindlichkeiten Rücksicht nehmen müssen. Oder etwa nicht? Sie können sich jetzt mit den Gefühlen ihrer Liebsten befassen und mit den Ecken und Kanten ihrer Mitbewohner in der WG. Schon bald werden sie feststellen, wie easy es mit uns war, wie pflegeleicht die meisten von uns Müttern sind. Wenn sie uns das irgendwann mitteilen wollen, schön. Nur sind wir dann vielleicht gerade ausgeflogen – echte Rabenmütter – und genießen die Ayurveda-Kur, die wir uns immer erträumt haben, wenn wieder mal alles schlecht lief zuhause. Wohl bekomm's.

Wenn Sie sich dabei ertappen,
dass Sie manchmal richtig froh sind,
dass die Kinder aus dem Haus sind,
bei aller Liebe, die Sie für sie fühlen,
nicken Sie sich aufmunternd zu:
Gut so!
Es hilft nicht nur Ihnen über
den Abschiedsschmerz, sondern auch
Ihren Kindern.

MÜTTER SIND AUCH NUR KINDER

Für sich selbst sorgen

Es ist überhaupt nicht mein erster Urlaub ohne meinen Sohn, aber der erste, seit er ausgezogen ist.

Ich bin mit Freunden in den Süden gefahren. Ferien auf dem Land. Ein Gefühl wie die großen Sommerferien, damals, in der Kinderzeit, als der Himmel diesig vor Hitze war, die Füße schmutzig in grau verstaubten Sandalen. Die Haut klebrig. Nachts die Frösche am Fluss und, tatsächlich, ja!, Nachtigallen, deren Trillern die Nacht durchschneidet, stundenlang.

Der Wind, der sich erhebt, ein, zwei Stunden nach dem frühen Morgen und erst abends spät wieder still wird. Er hat den Himmel klargeblasen, saubergefegt, wie meine Großmutter die Herdplatte blitzblank rieb. So glänzt der Himmel über den Cevennen. Die Zypressen biegen sich im Wind, einzelne Äste ragen wie Arme aus der schlanken Form. Fern rauscht der Wind in den Platanen, schüttelt die großen Blätter und nähert sich mit einem Seufzen, zieht über das Haus, raschelt im Kirschbaum.

Herumstreifen im Felsenmeer, das die Glut der Sonne zurückwirft, Sandalen auf Geröll, zerfallene Steinmauern und der mühselige Pfad, der von Santiago di Compostela über Sauve und die Cevennen und weiter, immer weiter führte.

Meine Haut aprikosenfarben wie bei einem jungen Mädchen, wenn man nicht zu genau in den Spiegel schaut, die Haare trocknen aus vom Mistral, sind spröde, wild. Fast wie zu der Zeit, als ich Stein gehauen habe und der Steinstaub die Haare in ein störrisches, graues Gestrüpp verwandelte.

Der kleine weiße Hund mit den schwarzen Ohrspitzen und dem schwarzen Stummelschwanz und dort die kleine Walze von Hund, die, die Nase schnüffelnd am Boden, in der Bar nach Essbarem sucht.

Am Feldrand kann ich den wilden roten Mohn pflücken. Ich muss niemanden und nichts beaufsichtigen, nicht vorsorgen, nichts mitschleppen, was die Hitze mühsamer macht.

Ich bin wieder das Kind von damals, das allein durch die Gegend streift, im eigenen langsamen Rhythmus.

Ich bleibe stehen, wann ich will, setze mich auf einen großen Stein und sehe in den Himmel hinauf, bis mir schwindlig wird.

Die Mauersegler gegen Abend mit ihren hellen Bäuchen, den rundlichen Körpern. Immer in der Luft, ein ständiges Gezwitscher.

Keine Stimme, die mich unterbricht.

Auch ich unterbreche nichts, nicht einmal meine eigenen Gedanken.

Vor mir erstreckt sich die Unendlichkeit des Nachmittags.

Abends essen mit Freunden im Garten unter dem Kirschbaum, der schon geplündert war, als wir kamen.

Der Ginster in der Garrigue.

Die Wehmut, wenn das Ende der großen Ferien naht.

Jetzt rast der TGV nach Norden.

Der Abschied ist mir schwergefallen, ein schmerzlicher Abschied, wie damals, als die lange Zeit der

Freiheit zu Ende ging und die Schule den Himmel wieder einengte und die Erde vermaß.

Plötzlich Einsamkeit.

Die dunkle Seite des träumerischen, schwebenden Alleinseins in einer Welt, so vielfältig und reich, dass man aus dem Staunen nicht herauskommt. Plötzlich die bange Frage: Wo ist mein Platz in der Welt? Für wen bin ich da? Wer braucht mich in dieser großen weiten, emsigen Welt?

In den letzten Jahren hat mein Sohn mich erwartet, wenn ich von Reisen zurückkam – vielleicht nur, weil ich mir das gewünscht habe. Manchmal rief er mich am Tag meiner Rückkehr an und fragte, was ich gern zu essen hätte. Dann kochte er für den ersten Abend zuhause, oder er hatte eingekauft, und ich fand Brot und Wein und allerlei im Kühlschrank, wenn er ausgegangen war.

Der gefüllte Kühlschrank hieß mich willkommen. Oder es war da sogar die Umarmung meines Sohnes und sein immerhin geduldiges, wenn auch nicht glühendes Interesse an meinen Reiseerlebnissen.

Wie ich ihn jetzt vermisse.

Aber ich habe es geahnt. Ich wusste, dass es so sein würde.

Vor meiner Reise habe ich deshalb vorgesorgt. Das Nötigste auf Vorrat eingekauft. Kaffee, Milch, Brot, auch eine Flasche Wein. Französischen Käse habe ich im Handgepäck. Irgendjemand, das wusste ich, muss doch nach der Kleinen schauen, die ihren Koffer im Flur abstellen und sich plötzlich fremd im eigenen Zuhause fühlen würde.

Mütter sind auch nur Kinder.

Langeweile gibt es nicht

Aber still ist es schon!

Die Wohnung ist leer. Stimmt ja gar nicht: Ich bin ja da. Es ist nur still. Immerhin halte ich noch keine Monologe mit mir selbst. Wenigstens nicht hörbar. Aber: Still ist es schon.

Ich könnte endlich mal die Zeitungsartikel lesen, die ich seit Wochen auf die Seite gelegt habe. Oder bügeln. Oder einen Kuchen backen. Hab ich schon lange nicht mehr gemacht, ich hab ja nie Zeit. Aber wer will jetzt schon Kuchen essen? Ich jedenfalls nicht. Ich könnte auch den Kleiderschrank mal wieder ausmisten und aufräumen. Blumen umtopfen. Das Buch anfangen, das ich zum Geburtstag geschenkt bekommen habe. Ich schlage die erste Seite auf. Soll ein toller Roman sein. Ich finde den Einstieg aber gar nicht besonders – ist doch einfach langweilig.

Genau. Das ist es: Mir ist langweilig. Immer wünsche ich mir Zeit für mich, und jetzt, wo ich sie habe, weiß ich nichts mit ihr anzufangen.

Es ist gar nicht so leicht, Zeit für sich zu haben, mit sich selbst auszukommen und zufrieden zu sein. Ohne dass ein anderer einen braucht und bestätigt. Gut, da ist vielleicht noch Ihr Mann oder Partner, der Sie braucht, wenn die Kinder aus dem Haus sind. Aber ehrlich gesagt: Gibt er Ihnen auch noch die Bestätigung, die Sie brauchen, um sich super zu fühlen? Wenn ja, halten Sie ihn ganz fest, Sie haben ein Sonderexemplar abbekommen!

Jetzt, wo die Kinder weg sind, ist es an der Zeit zu überprüfen, ob Sie sich selbst genug Anerkennung und Bestätigung geben. Denn erst dann kann man die Zeit mit sich selbst auch genießen und fruchtbar nutzen. Wer will schon seine Zeit mit jemandem verbringen, den er nicht schätzt?

Jede Zäsur im Leben ist auch eine Gelegenheit, neu anzufangen. Vielleicht stellen Sie fest, dass Sie sehr abhängig davon waren, für die Familie nützlich zu sein. Unter Umständen bemerken Sie jetzt erst, dass Sie sich mit sich selbst langweilen, weil Sie es versäumt haben, ein »interessanter« Mensch zu werden – jemand mit eigenen Hobbys und Interessen, einer Leidenschaft für etwas, ob das nun Yoga ist oder ob es Patchwork-Decken sind, der Chor oder die Laienschauspielgruppe oder das Bauchtanzen.

> Schätzen Sie sich eigentlich selbst?
> Finden Sie, dass es sich lohnt,
> Zeit mit Ihnen zu verbringen?
> Der Auszug der Kinder ist eine gute
> Gelegenheit, sich selbst wieder
> mehr Wertschätzung entgegenzubringen
> – ohne dass Sie immer von außen
> bestätigt werden müssen.
> Wie man das macht? Indem man
> an alte Interessen anknüpft
> oder sich neue schafft und wieder
> ein Mensch mit Leidenschaft wird.

Menschen, die sich für etwas wirklich interessieren und sich leidenschaftlich damit beschäftigen, langweilen sich selten!

Und Menschen, die sich für etwas begeistern, erreichen etwas, was ihnen Befriedigung verschafft. Sie sind stolz auf sich, und das heißt: Sie achten und schätzen sich.

WECHSELJAHRE IN JEDER HINSICHT

Biologisch habe ich meine Rolle erfüllt

Nicht alles im Leben ist gut eingerichtet. Die Natur ist schon weise, aber sie hat nicht damit gerechnet, dass wir mal so zählebige Wesen werden würden, die älter und älter werden wollen, obwohl ihr biologischer Auftrag längst erfüllt ist. Die Natur sieht vor, dass wir uns fortpflanzen und das Überleben unserer Spezies sichern. Aber es ist ihr mehr oder weniger egal, dass wir auch dann, wenn wir die Kinder großgezogen haben, noch Lust auf Ferien in Südfrankreich oder Bali oder den Shetland-Inseln haben. Dass wir lieben, Sex haben, arbeiten, Freunde sehen wollen.

Und weil die Natur darauf nicht groß Rücksicht nimmt, überfällt uns alles aufs Mal: Die Kinder werden groß und verlassen uns, die Männer gucken uns nicht mehr auf der Straße nach, weil sich die ersten Zeichen des Älterwerdens bemerkbar machen (»nicht mehr interessant für die Fortpflanzung«, sagt die Natur im Mann) und wir fühlen uns miserabel: Wechseljahre. Der Puls rast, der Schweiß bricht aus – natürlich im unpassendsten Moment, Röte steigt den Hals hoch. Wie peinlich. Aber nicht nur das: Wir sind am Morgen zerknittert und unausgeschlafen: Schlafstörungen. Wir haben Konzentrationsschwierigkeiten. Sind das die ersten Zeichen von Alzheimer? Und die Stimmung schwankt. Manche Stimmungsschwankungen wachsen sich aus zu einer depressiven Verstimmung: Alles wird schwer und grau. Wie Blei an den Füßen ist es und bleiern scheint der Himmel auf unser Gemüt zu drücken.

Ich werde mich nie mehr über etwas freuen! Wenn man erst mal so alt ist, ist das Leben vorbei. Kein Schwein wird sich mehr für mich interessieren. Wenn schon nicht mal mehr die Kinder zu Besuch kommen, wer will dann wohl noch mit mir ins Bett? Attraktivität? Lange vorbei. Beruflich? Ich steh doch schon lange auf der Abschussliste.

Nein, das ist nicht gerecht. Aber es nützt nichts, wir müssen da durch. Es heißt doch immer: Wenn die

Wechseljahre vorbei sind, legen die Frauen noch mal richtig los. Sie haben dann mehr männliche Hormone, die Haare am Kinn sprießen stachelig, aber sie werden dann durchsetzungsfähige, kraftvolle alte weise Frauen. Wollen wir das sein? Immerhin, es heißt, Energie und Lebenslust kehren zurück. Schwer vorstellbar, wenn die Kräutertee trinkende Wechseljahrsfrau gerade im Loch sitzt und graue Haare zählt.

Nur: Irgendwie fußen diese Behauptungen auf wahren Beobachtungen. Der eigene Freundinnenkreis bestätigt es. Da gibt es Freundinnen, die lachen oft und gern. Obwohl sie älter sind als wir und genau wissen, wie wir uns fühlen.

Die harte Zeit, wenn die Kinder ausziehen, unsere Männer verträumt-verblödet jungen Mädchen nachblicken (und die jüngere Geliebte ansteuern) und die Wechseljahre uns beuteln, ist d i e Zeit für Freundinnen. Gott sei Dank, dass wir sie haben! Sie sind jetzt oft der einzige Trost. Sie verstehen uns, sie erleben das gleiche gemeine Schicksal, sind traurig, sauer, gnadenlos scharfsichtig wie wir selbst und: Wir können bei ihnen nicht nur nach Herzenslust lamentieren, sondern auch – lachen!

Humor hilft immer. Auch wenn nichts mehr hilft. Und wenn ein paar Freundinnen zusammen sind, dauert es nicht lange und es wird grummelnd, bitter, schmollend, kichernd laut gelacht.

All die Probleme – »das schleckt keine Geiß weg!«, pflegt eine meiner Freundinnen zu sagen. »Zeit, dass wir uns einen schönen Abend machen. Mit Antipasti, Pasta, Dolci und Wein.«

Denn das Gewicht kann man in den Wechseljahren sowieso nicht ganz in den Griff kriegen, egal, wie viel man hungert, sagen die Experten.

> Oft fällt der Auszug der Kinder
> mit den eigenen Wechseljahren zusammen.
> Da hilft kein Schönfärben: harte Zeiten!
> Die beste Hilfe sind jetzt die Freundinnen.
> Pflegen Sie sie, nutzen Sie sie.
> Sie machen dasselbe durch wie Sie,
> und mit ihnen gelingt das Lachen
> über die vielfältigen Schrecken
> dieser Lebensphase viel, viel besser!

Reden Sie auch mit älteren Freundinnen. Sie haben oft wunderbare Tipps!

Muttertag ist ja eigentlich Quatsch

... aber anrufen könnte er trotzdem!

Das Leben geht weiter, mit und ohne Kinder im Haus, mal besser, mal schlechter. Eigentlich haben wir uns schon ein bisschen an den neuen Zustand gewöhnt. In den guten Phasen sind wir mit unserem neuen Leben einverstanden. Oh ja, es gibt durchaus Vorteile! Und eigentlich kommt auch das Kind besser klar, als man dachte. Die Eisberge tauchen plötzlich auf. Zum Beispiel am Muttertag.

Mir hat der Muttertag noch nie viel gesagt. Und mein Sohn hat ihn regelmäßig vergessen. Nur als er noch im Kindergarten war, bekam ich was Gebasteltes, irgendetwas, was ich schnöde den Weg alles Irdischen gehen ließ. Ich habe die Erinnerungen an

Muttertag nicht in der Vitrine aufgehoben. Und jetzt? Morgen ist Muttertag. Ich bin sauer. Hätte mein Sohn mich nicht fragen können, ob ich ihn sehen will? Oder er könnte ja vorschlagen, für mich zu kochen. Mich in seine Bude einladen. Einen Ausflug mit mir machen! Old Mrs. Binkert and her son. Als er noch klein war, hat er sich das ausgemalt: Wie er mich mit einem großen dicken Auto spazieren fährt zu einem wunderschönen Hotel. Der Türsteher öffnet den Wagenschlag, heraus steigt old Mrs. Binkert and her son (er lernte gerade sein erstes Englisch in der Schule). Und dann gehen die beiden fürstlich speisen.

Und jetzt? Totenstille. Nothing at all. Mein Sohn hat seine Mama total vergessen. Stimmt ja gar nicht. Er hat nur den Muttertag vergessen, nicht seine Mama.

Trotzdem, ich bin sauer.

Der Sohn meiner Freundin Christina hat versprochen, für sie und mich einen Zopf zum Muttertag zu backen. Ob mein Sohn wenigstens zum Brunch kommt, wenn er sich selbst schon nichts hat einfallen lassen? »Ich weiß nicht, Ladies, ob ich dazu Lust habe ...« Er kommt nicht.

Was für ein Scheißmuttertag ohne Kind!

DAS BISHER UNGELEBTE LEBEN

Ich bin halt nie dazu gekommen ...

Trübe Stunden gibt es nun mal. Und wie es Stunden zum Feiern und zum Lachen gibt, so gibt es eben auch Stunden der Traurigkeit, der Verzweiflung und des Haderns. Das Leben ist keine Perlenkette glänzender, wunderbarer Ereignisse. Haben Sie keine Angst vor diesen Schattentälern, durch die man hindurchmuss, wenn man Berge erklimmen möchte. Überlassen Sie sich Ihrem Kummer – meist lichtet er sich von allein wieder, wenn Sie sich nicht gegen ihn wehren, sondern ihm ein Existenzrecht einräumen.

In solchen Stunden, wo wir mit dem Schicksal hadern, neigen vor allem wir Frauen dazu, uns immer gleich zu verteidigen. Ein bisschen wehleidig klingt das, lamentierend:

»Ja, Biologie studieren! Wenn ich das gekonnt hätte! Aber dann habe ich Paul kennen gelernt, und er studierte noch. Wie hätten wir das machen sollen, finanziell? Wir haben doch wenigstens einen Verdienst gebraucht ...«

»Neuseeland ist mein Traum, immer schon gewesen. Aber wie hätte ich das einrichten sollen – drei Monate Neuseeland? Da waren schließlich die Kinder!«

»Klar tanze ich gern! Aber wer ist denn mit mir tanzen gegangen? Jetzt weiß ich gar nicht mehr, wie das geht. Ist jetzt halt vorbei und versäumt ...«

Ja. Es gibt immer einen Grund, warum wir etwas, was wir gerne machen würden, nicht tun. Außer für die Liebe gibt es für alles einen Grund. Aber es ist in den seltensten Fällen wahr, dass wir nicht *konnten*. An der Verhinderung des Glücks sind meistens wir selbst schuld. Wir können nämlich viel mehr, als wir glauben. Wer entschlossen ist, einen Traum wahr zu machen, ist erfindungsreich, ausdauernd und stark – und bereit, auf anderes zu verzichten und Unwichtiges zu opfern.

»Wenn ich könnte, wie ich wollte« – drehen Sie den Satz doch einfach um und sagen Sie:

»Wenn ich wollte, wie ich könnte ...!«

Wenn Sie wollen, können Sie. Fast immer. Probieren Sie es aus.

Jetzt ist ein guter Zeitpunkt für einen Perspektivenwechsel. Der Begriff Wechseljahre sagt es ja schon. Nicht nur der Körper verändert sich in dieser Lebensphase, wir können auch unser Denken verändern und damit unserem Leben eine neue Richtung geben.

Ja, auch jetzt noch.

Das ungelebte Leben wartet darauf, gelebt zu werden. Jetzt ist die Zeit, sich an die eigenen Kinder- und Jugendträume zu erinnern und dort anzuknüpfen. Graben Sie diese Träume aus, versuchen Sie sich zu erinnern, schreiben Sie sie auf. Manchmal sind diese Träume durch das Leben, das wir gelebt haben, tief verschüttet. Resignieren Sie nicht, wenn Sie nicht gleich darauf kommen, bleiben Sie einfach dran. Eins ist sicher: Es gibt diese Träume, und irgendwo in Ihrem Gedächtnis sind sie auch gespeichert. Warum ich mir da so sicher bin? *Alle* Kinder und jungen Menschen haben einen Traum von der Zukunft und was sie gerne einmal machen möchten. Schreiben Sie auf, was Ihnen in den Sinn kommt. Auch wenn Ihre innere Zensur sagt, Quatsch, so was Blödes. Vielleicht steht dann da: Einmal auf dem Rummelplatz Autoscooter fahren. Eine ganze Schwarzwälder Kirschtorte essen. Bergsteigen. Mit einem eigenen Pferd durch die Camargue reiten. Opernsängerin werden.

Vielleicht winken Sie auch ab und sagen: Ich weiß schon, was ich für einen Traum hatte. Aber jetzt bin ich zu alt, um ihn noch zu verwirklichen, bei allem Wollen. Mit 50 kann man nicht mehr Konzertgeigerin werden. Das ist wahr. Aber man kann mit 70 noch zum ersten Mal über den Atlantik segeln. Ein Freund von mir hat es getan. Man kann mit 50 noch studieren. Viele Frauen tun das. Neulich habe ich ein Interview mit einer über 80jährigen Dame gelesen, die noch immer Reiseleiterin für Reisen in den Mittleren Osten und den Iran ist.

Ist es nicht so, dass wir fast mehr Angst vor dem haben, was wir können, als vor dem, was wir nicht können?

Wir haben Angst vor unseren eigenen Möglichkeiten. Das klingt absurd, aber die Erfahrung bestätigt es. Wir haben Angst vor unseren Möglichkeiten, weil wir fürchten zu scheitern, purer Durchschnitt zu sein, wo wir glänzen möchten. Wir haben Angst, andere durch unser Streben und unseren Erfolg zu kränken, zu vergraulen, zu behindern. Wir haben Angst, egoistisch zu sein, und verwechseln Egoismus mit Interesse und Leidenschaft für eine Sache, obwohl diese unsere Lieben ganz und gar nicht zerstört, sondern auch sie bereichern könnte.

Wir sind Angsthasen. Und wir sind bequem.

Nur: Das Leben ist endlich, und wir rücken diesem Ende allmählich näher. Menschen, die Sterbende begleiten, machen übrigens eine überraschende Erfahrung: Menschen, die sterben, bereuen nicht, was sie getan, sondern das, was sie nicht getan haben.

Der Auszug der Kinder, der allgemeine »Wechsel« geben Ihnen Gelegenheit, darüber nachzudenken.

Der Auszug der Kinder, die eigenen Wechseljahre geben Ihnen Gelegenheit, darüber nachzudenken,
was Sie im Leben bisher versäumt haben.
Erinnern Sie sich an Ihren Kindertraum,
an das, was Sie sich als Kind,
als junger Mensch für Ihr Leben gewünscht haben. Knüpfen Sie daran an!

Kinder brauchen einen Sinn für Schönheit

Im Musée d'Orsay

Paris! Ich fühle mich beschwingt wie im Frühling, dabei ist es erst Februar. Wie gut es mir geht – drei Tage Paris, mit Baguette und Bistro, Musik und Museen und Streifzügen durch die schönste Stadt der Welt. Ich eile ins Musée d'Orsay, eine Süchtige nach der Schönheit, die die Impressionisten in ihren Bildern eingefangen haben. Nachdem ich mir im Musée Les Arts Décoratifs angesehen habe, wie die Menschen um 1900 gelebt haben, wie sie gewohnt und ihre Zimmer ausgestattet haben mit reichlich Dekor und düsterem historizistischem Prunk, sind die Bilder von Manet, Monet, Renoir, Pisarro von einer lichtdurchfluteten Schönheit, die mein Herz höher schlagen lässt. Ich lasse mich umwehen vom Zauber des Augenblicks – eine letzte Tasse auf einem Tisch, der schon abgeräumt wurde, eine Frucht, eine Blume; Licht auf dem Wasser, ein Feld im Sommer. Habe ich meinem Sohn das genug nahe gebracht, ihm gezeigt, wo das Glück zu finden ist? Habe ich ihm gesagt, dass der Mensch Schönheit braucht, dass die Schönheit eines taufrischen Morgens, eines Blumenstraußes, eines Bildes oder einer Skulptur, dass die Schönheit eines Musikstücks glücklich macht? Tröstet, heilt, mit Dankbarkeit für das Leben erfüllt?

Ich weiß es nicht, hoffe nur, dass ich es nicht versäumt habe. Und wenn ich es versäumt hätte – jetzt lässt es sich nicht mehr nachholen.

Ich betrachte die Pastellzeichnungen von Degas. Füße, die in eine Waschschüssel tauchen, im Nacken zusammengebundene Haare, ein Leuchten auf dem Rücken. Wie vermitteln wir unseren Kindern einen Begriff von Schönheit?

Eine Schulklasse steht vor einem Bild von Monet. Die Kleinen, nicht älter als sieben oder acht, sind ganz bei der Sache. Sie beschreiben, was sie sehen, und sie sehen, unvoreingenommen und aufnahmebereit, mehr als die Erwachsenen. Ganze Geschichten erzählen sie ... Ich höre zu und freue mich. Und hoffe, dass ich bei der Erziehung zur Schönheit nicht allzu viel versäumt habe.

Das Loch in der eigenen Identität

Als wär's ein Stück von mir

Es gab eine Zeit, da fanden sie schön, was wir schön fanden. Die Welt war so neu, so unüberschaubar groß und vielfältig für unsere Kinder, dass sie auf unsere Augen und Sinne vertrauten, vertrauen mussten, weil sie ohne uns verloren gewesen wären. Und weil das am Anfang so war, weil wir sie angezogen haben, wie *wir* es schön fanden, wir ihnen Bilderbücher gekauft haben, die *uns* gefielen, wir ihnen vorgesungen haben und Spiele mit ihnen gespielt haben, die *uns* einfielen, und sie dabei gelacht und es schön gefunden haben, haben wir gedacht, sie sind wie wir.

Sie waren es nie, aber es war so leicht, es zu glauben, und es war so ein befriedigendes Gefühl. In der

Liebe waren wir bald einmal desillusioniert: Unser Mann, unser Geliebter, der Vater unseres Kindes war uns schon bald weniger ähnlich, als wir anfangs in der ersten großen Verliebtheit dachten. Was? So ist er?, haben wir enttäuscht gedacht.

Aber nun konnten wir mit Stolz in der Stimme sagen: »Meine Tochter, die ist wie ich, die hat genau das gleiche Stirnrunzeln, den gleichen Geschmack, die gleiche Art, über Dinge zu lachen ...« oder »Mein Sohn, der kommt ganz nach mir. Manchmal schauen wir uns an, und dann weiß ich ...«

Als mein Sohn etwa elf, zwölf war, machte er sich erste Gedanken über das Zusammenleben der Menschen. Und sagte dann nachdenklich: »Wir kommen nur deshalb so gut aus, weil wir gleich sind und weil ich dein Kind bin.«

Heute ist er kein Kind mehr und auch nicht mehr gleich wie ich. Diese Einsicht vollzieht sich für Kinder in der Pubertät. Sie erstreiten und erkämpfen sich in dieser oft stürmischen Zeit ihre eigene Identität. Aber wir Mütter begreifen das manchmal erst, wenn die Kinder ausziehen. Dann, wenn plötzlich ein großes Loch in unserer Identität zu klaffen scheint. Wir reißen sie uns aus dem eigenen Fleisch, so fühlt es sich jedenfalls an.

Dabei sind sie immer ein Eigenes gewesen, mögen sie noch so viel von uns geerbt haben.

Du bist nicht ich, und ich bin nicht du.

Diesen Vers müssen wir uns noch manches Mal aufsagen.

Trennungen tun weh.

DAS FROSTIGE GEFÜHL
DER ENDLICHKEIT

Aufgeschoben ist nicht aufgehoben!

Wenn die Kinder gehen, scheinen sie unsere Zukunft mitzunehmen. Das scheint nur so, und doch: Bleiben wir einen Augenblick bei dieser Vorstellung. Auch wenn sie uns nicht behagt und wir sie ganz schnell loswerden wollen.

Wenn die Kinder gehen und ihre eigene Zukunft sich von unserer abkoppelt, bleiben wir als die zurück, die die Mitte des Lebens unwiderruflich überschritten haben. Wir haben nur noch unsere eigene, kleiner werdende Zukunft. Wir sind endlich. Wir werden sterben. Es sind unsere Kinder, die Kinder zeugen werden, ihre Pläne weit in das Unbekannte hinaus projizieren. Unsere Kraft wird sich abschwächen und – nein, nicht erst in einer Ewigkeit –, verlöschen. Unsere Kinder und Enkel werden uns, wenn alles gut geht, überleben, etwas von uns weitertragen. Aber wir, wir müssen mit kürzer werdenden Tagen auskommen.

Es ist gut, sich das klarzumachen. Es ist wichtig, dieser Wahrheit ins Auge zu sehen. Warum?

Weil wir dann den Schmerz, den uns der Auszug unserer Kinder bereitet, besser verstehen werden, ihn leichter akzeptieren können.

Verdrängen Sie die Angst und den Schmerz nicht. Das Leben ist viel wunderbarer, als wir immer gemeint haben. Jetzt fangen wir an, es zu begreifen. Wir wollen kein Ende. Wir wollen nicht sterben. Wir wollen nicht älter werden. Das Jammertal gefällt uns nämlich gar nicht schlecht. Eine ganz neue Einsicht. Eine Insel in einem Meer von Abschiedsschmerz.

Und genau darum geht es: um die Einsicht, dass wir endlich sind, dass das Leben begrenzt ist. Nur, wenn wir uns der Tatsache stellen, dass wir jetzt nicht mehr über unsere Kinder leben können, sondern nur noch den »Rest« unseres ganz eigenen Lebens vor uns haben, werden wir uns mit aller Energie und Lust unserem eigenen Leben und den Möglichkeiten zuwenden, die uns bleiben. Und siehe da: Es sind viele. Bei weitem mehr, als wir uns je vorgestellt haben. Wir haben sie gewonnen, indem wir einen Moment innegehalten und uns dem Schauder ausgesetzt haben, dass wir vergehen. Dass nichts so bleibt, wie es ist.

Der Schmerz darüber ist groß. Machen wir ihn nicht kleiner. Unterwerfen wir uns. Seien wir traurig. Weinen wir darüber. Und dann, irgendwann, gehen wir hinaus und sehen, es sind Wolken am Himmel. Die Primeln bilden bunte Nester im Gras. Oder vielleicht treibt der Herbstwind die Blätter vor unsere Füße. Vielleicht gehen wir auch in die Küche und machen uns einen Tee. Wärmen die Hände an der heißen Tasse. Trinken in kleinen Schlucken und denken: Morgen gehe ich zum Friseur.

ZEIT, SICH UMS EIGENE AUSSEHEN ZU KÜMMERN

Wie neu geboren, nur mit Fettpölsterchen

Das frostige Gefühl der Endlichkeit ist die Vorbedingung für den Aufbruch in ein neues Leben. Oder für eine Rückbesinnung, die Rückkehr in unser ganz eigenes Leben. Dankbarkeit überkommt uns: Noch sind wir da. Die Kinder sind zwar aus dem Haus, aber auch uns bleibt noch Zukunft: das, was wir daraus machen.

Nehmen Sie sich Zeit und betrachten Sie sich ausgiebig im Spiegel. Sie müssen nicht das ultraharte Spotlight auf sich richten. Aber seien Sie ehrlich mit sich und wählen Sie auch kein Schummerlicht. Sehen

Sie sich an, als seien Sie in die Haut eines anderen geschlüpft. Was sehen Sie? Schauen Sie aufmerksam und achten Sie auch auf Kleinigkeiten. Was sagt Ihnen Ihre Haltung, Ihr Gesichtsausdruck? Ihre Haare, Ihr Teint, Ihre Kleidung. Wie machen Sie sich zurecht?

Straffen Sie jetzt Ihre Haltung ganz bewusst. Untersuchungen haben gezeigt, dass unsere Haltung ganz stark unsere Stimmung beeinflusst. Menschen, die sich deprimiert fühlen, sinken in sich zusammen, gehen gebeugt, haben keinen Halt an sich selbst. Und andersherum: Wenn man sie auffordert, sich aufzurichten, hat das einen messbaren Einfluss auf ihre Stimmung – die Gefühlslage bessert sich.

Richten Sie sich deshalb auf und schauen Sie sich noch einmal in die Augen. Jetzt, wo eine neue Lebensphase beginnt, ist es gut, eine Generalüberholung zu machen. Sie lassen schließlich auch vorsichtshalber das Auto überholen, bevor Sie auf eine große Reise gehen.

Stören Sie sich an den Fettpölsterchen, die sich im Laufe der Jahre gebildet haben und die Sie vielleicht in der letzten Zeit mit etwas Kummerspeck angereichert haben? Ich bin keine Verfechterin von Diäten, sie helfen nachweisbar *nicht*, und schon gar nicht raten Fachleute zu Abmagerungskuren in den Wechseljahren. Die Fettzellen lagern nämlich Östrogen ein – das Hormon, das nun weniger von unserem

Körper produziert wird und dessen Fehlen uns unter Umständen gerade so zu schaffen macht. Es wäre dumm, uns nun auch noch dieses »Depot« selbst zu entziehen. Aber es passt gut zur Vorbereitung auf das neue Leben, nun bewusster und – je nachdem, welche Essgewohnheiten Sie haben – gesünder zu essen. Ernähren Sie sich ausgewogen – mit ausreichend Obst, Gemüse, aber auch Fleisch und Käse (gut zur Vorbeugung gegen Osteoporose). Schenken Sie Ihrer Ernährung einige Gedanken und etwas Zeit. Essen Sie nur, wenn Sie Hunger haben, und lassen Sie ab und zu das Abendessen ausfallen. Trinken Sie stattdessen einfach Kräutertee. Oder vielleicht machen Sie hier und da einen Reistag, an dem Sie nur duftenden Basmati-Reis und gedünstetes Gemüse essen. Es kommt gar nicht so sehr darauf an, welchen Tipps zur gesunden Ernährung Sie folgen. Wichtig ist, *dass* Sie sich mit Ihrem Körper und dem, was er braucht, beschäftigen. Zum Beispiel auch mit dem Bedürfnis Ihres Körpers nach frischer Luft und Bewegung.

Schönheit kommt von innen. Das ist wahr. Aber die stimmungssteigernde Wirkung eines Friseurbesuchs ist nicht zu unterschätzen. Jetzt ist *die* Gelegenheit, eine neue Frisur auszuprobieren. Ein guter Haarschnitt wirkt Wunder für das Aussehen – und für das Selbstwertgefühl! Und sparen Sie hier nicht, wenn Sie es sich leisten können. Gönnen Sie sich wirklich einen guten Schnitt in einem schönen Friseursalon – Sie werden ihn beschwingt und um Jahre verjüngt verlassen. Erinnern Sie sich an »Ein Herz und eine Krone«, wo Audrey Hepburn sich als »Königliche Hoheit« die Haare abschneiden und eine zauberhafte Kurzhaarfrisur machen lässt, nachdem sie sich aus dem Palast gestohlen hat, um einmal so frei und unbeschwert wie andere junge Mädchen zu leben?

Und sortieren Sie jetzt mal so richtig Ihren Kleiderschrank aus, damit Sie sich anschließend mit gutem Gewissen erlauben können, sich wenigstens teilweise neu einzukleiden. Sie werden mit einem Hochgefühl Ihre Einkaufstüten nach Hause tragen, wenn Sie sich zuvor bewusst von den Klamotten getrennt haben, an denen Sie immer noch hängen, in die Sie aber doch nie mehr hineinpassen werden (und die jüngeren Frauen einfach besser stehen). Und wenn Sie andererseits die langweiligen und farblosen Sachen ausgeräumt haben, in denen Sie wirklich alt aussehen und die heutzutage keine Frau mit 80 mehr Lust hat zu tragen.

Und dann ist da noch das Make-up. Vielleicht gönnen Sie sich eine Massage, einen Besuch im Hamam, im türkischen Bad und anschließend eine Gesichtsbehandlung bei der Kosmetikerin. Das ganze Verwöhnprogramm. Gewöhnen Sie sich an, nicht zuviel Schminke, dafür gute Kosmetikprodukte zu verwenden.

Es geht nicht darum, das Alter zu »besiegen«, zu vertuschen oder zu übertünchen. Seien Sie stolz auf die Person, die Sie geworden sind, und helfen Sie mit Kosmetik einfach so weit nach, dass Sie Ihrem Alter gemäß so frisch und strahlend wie möglich aussehen. Das wird Sie automatisch ein paar Jahre jünger erscheinen lassen ...

Achten Sie auch besonders auf Ihre Hände. Pflegen Sie sie – unsere Hände verraten nicht nur viel über unser Alter, sondern auch darüber, wie wir mit uns selbst umgehen.

Feiern Sie den neuen Lebensabschnitt »ohne Kinder«, auch wenn Ihnen noch nicht so richtig danach ist. Solche Rituale helfen Ihnen, sich mit der neuen Situation positiv auseinanderzusetzen und langsam die guten Seiten daran zu erkennen und anzunehmen.

Würdigen Sie die neue Freiheit mit Ritualen, die die positiven Seiten Ihres neuen Daseins hervorheben und wie ein Jungbrunnen wirken. Sie werden »neu geboren« – und so sollen Sie sich auch fühlen.

Schenken Sie sich ein Pflege- und
Verjüngungsbad im Hamam oder leisten
Sie sich ein paar Tage allein oder mit einer
Freundin in einem Wellness-Hotel.
(Wenn Ihr Mann Sinn für solche Rituale
hat, teilen Sie sie mit ihm, aber nur dann!)
Probieren Sie eine neue Frisur aus,
misten Sie Ihren Schrank aus und schenken
Sie sich etwas Neues anzuziehen.
Kochen Sie ein Abendessen für Ihre
besten Freundinnen.
Machen Sie Pläne, wie Sie sich gesünder
ernähren und mehr an der frischen Luft
bewegen können. Beginnen Sie diese
neuen Aktivitäten achtsam und bewusst,
indem Sie Ihre Absicht verkünden,
sich Zeit dafür nehmen, und sich hinterher
fragen, ob Ihnen auch gut tut, wozu Sie
sich entschlossen haben.

> *Ein prickelndes Gefühl
> wie vor zwanzig Jahren –
> Die neue Leichtigkeit des Seins*

Die Sonne scheint. Vielleicht nicht einmal das. Kann sein, dass Sie nur beschlossen haben, frische Brötchen zum Frühstück zu holen oder das Gemüse heute auf dem Markt einzukaufen. Sie treten aus der Tür und atmen tief ein. Die Luft hat einen Geruch – nach Morgen, nach Regen, nach Frische, nach Asphalt, nach Autoabgasen oder Gras und Erde. Sie haben lange nicht mehr darauf geachtet, aber heute bemerken Sie alles um sich herum. Das Quietschen der Straßenbahn, wenn sie anhält, den Lärm der Kinder auf dem Pausenplatz der Schule nebenan. Das rote Kleid Ihrer Nachbarin, die gerade um die Ecke biegt. Sie fühlen das Metall des Hausschlüssels in Ihrer Hand, das weiche Leder Ihrer Handtasche, als Sie den Schlüssel in das Innenfach gleiten lassen.

Ihre Sinne sind wie neu geboren. *Sie* fühlen sich heute wie neu geboren. Alles um Sie herum ist frisch und neu, obwohl Sie es vielleicht seit Ewigkeiten – kennen.

Plötzlich breitet sich ein Prickeln in Ihnen aus, es ist, als ob Sie ein Glas Champagner getrunken hätten, das jetzt in all Ihren Poren und Blutkörperchen weiterperlt. Wie beschwingt das macht! Sie betrachten die Welt wieder mit Neugier, mit einem kleinen Übermut ...

Es ist, als hätte sich Ihr Gang verändert. Sie schreiten locker aus, Ihr Blick ist heute nicht nach innen gekehrt, weil Sie gerade durch den Kopf rattern lassen, was Sie heute noch alles erledigen müssen. Heute lächeln Sie, als die Frau auf dem Fahrrad mit einer dankenden Geste die Hand hebt, weil Sie ihr den Vortritt gelassen haben. Sie haben es auf einmal nicht eilig und werden doch ebenso schnell beim Bäcker sein wie sonst auch. Das Quartier, in dem Sie wohnen, haben Sie schon lange nicht mehr so schön und lebendig gefunden. Okay, das neue Geschäftshaus ist nun wirklich keine Ruhmestat, stinkhässlich ist es, im Klartext gesprochen. Nur: Heute stört es Sie einfach weniger. Plötzlich fällt Ihnen ein, dass Sie Ihre Freundin Katja seit Urzeiten nicht mehr gesehen haben. Dabei konnten Sie mit ihr doch immer supergut quatschen, das ganze Leben durchhecheln, mit all seinen Höhen und Tiefen, und vor allem über die Katastrophen – am besten über die! – dumme Witze machen, über die man schallend lachen konnte.

Gleich nachher werden Sie sie anrufen, ihr eine Nachricht hinterlassen, dass Sie sie jetzt endlich so bald wie möglich treffen wollen.

Älter werden wir, an dieser Binsenwahrheit führt kein Weg vorbei. Das heißt aber noch lange nicht, dass unsere Gefühle altern. Sie setzen nur Staub an und verlieren an Glanz, wenn zuviel Alltag verhindert, dass wir sie beachten. Aber manchmal braucht es nur einen Windzug, den Blick eines Fremden, den Stolz auf ein neues Kleid, das Kompliment der Frau in der Reinigung, die ersten Krokusse, den Anruf eines alten Freundes und wir sind ganz wie früher, unser junges, altes Selbst.

Mein Vater sagte einmal, und diesen Satz hab ich mir gemerkt: »Du, ich hab mich verliebt! Ich weiß, dass ich 70 bin, aber ich fühle mich wie mit 17 – ganz genau gleich wie damals! Ist das nicht merkwürdig? Und schön?«

Ja. Es ist schön, dass wir die unbegrenzte, immer wieder frische Möglichkeit haben zu fühlen. Uns jung zu fühlen in einer Welt voller Wunder und Gelegenheiten.

AFFÄREN, SEX UND DIE »ALTE« BEZIEHUNG

Wie begehrenswert bin ich noch?

Meine Freundin Sabine hebt abwehrend die Hände. Aber ihre Augen strahlen und ihr Lächeln ist so breit wie schon lange nicht mehr.

»Also nicht, dass da was wäre!«, sagt sie, und das Strahlen in ihrem Gesicht vertieft sich noch. Ich bin ganz still, ich zweifle ja an gar nichts.

»Aber da war diese neue Arbeitsgruppe, und wir sind direkt aufeinander zugegangen. Ich hab den irgendwie«, sie schnalzt kurz mit dem Finger, »auf Anhieb sympathisch gefunden. Und er mich auch. Er hat es dann eingerichtet, dass wir uns beim Essen gegenübersaßen. Und nachher sind wir noch in die

Bar gegangen und haben weitergeredet.« Sie macht eine Pause.

Kurz vorher hat sie mir ein Foto ihres Sohnes gezeigt, der sich frisch verliebt hat. Aber jetzt ist sie ganz bei ihrer eigenen Geschichte.

»Und das Komische ist, dass es irgendwie trotzdem gestimmt hat, obwohl der viel jünger ist als ich. Also sicher keine vierzig! Jedenfalls haben wir uns am nächsten Morgen noch einmal getroffen, und dann hab ich ihn im Taxi zum Bahnhof gebracht und bin dann weitergefahren zum Flughafen.«

Sie setzt noch einmal an. »Das war schön, dass sich wieder mal ein Mann für mich interessiert hat. Und ein jüngerer noch dazu. Nicht, dass Martin und ich es nicht gut hätten zusammen, aber das war jetzt doch sehr schön, zu spüren, dass man als Frau noch beachtet wird. Und auf jemanden zu treffen, wo sofort was ... – ›funkt‹ ist ja schon fast zuviel gesagt.« Sie macht wieder eine Pause.

»Und dass es auch bei einem selbst noch klappt ...«

Wir reden nicht länger darüber. Es ist auch wirklich unwichtig, wie es weitergeht. Ja, ja, sie sehen sich noch ein paar Mal, solange die Arbeitsgruppe eben zusammenkommt. Aber wichtig ist, dass es diesen Moment gegeben hat. Diesen ersten, funkelnden Augenblick, der glücklich macht.

Und weil das Leben noch lange nicht vorbei ist, nur weil die Kinder ausgezogen sind, auch wenn sich das manchmal so anfühlt, gibt es auch jetzt unerwartete Begegnungen.

Es kann genügen, den flüchtigen Blick eines anderen zu erwidern und zu genießen, es kann genug der Bestätigung sein, in der S-Bahn ein Gespräch mit einem gut aussehenden Mann anzufangen und dann ohne Bedauern auszusteigen und sich nie mehr wiederzusehen. Aber es kann auch so sein, dass man sich plötzlich noch einmal richtig verliebt oder neben dem prickelnden neuen Lebensgefühl auch ein Ziehen spürt, das sagt: Wieder mal Sex! Wär jetzt genau das Richtige ...

Zurückbleiben, wenn die Kinder ins pralle Leben aufbrechen, nachts den Pyjama wechseln, weil man schweißgebadet aufwacht, an der Arbeitsstelle immer mehr kämpfen müssen, weil die Jüngeren nicht schlafen und aufsteigen und Karriere machen wollen, x Faltencremes versuchen und doch die eigenen Falten mit sich rumtragen müssen – Bestätigung als Frau tut in dieser Zeit not. Tun Sie nicht so, als ob Sie das nicht brauchen. Wir alle brauchen das Gefühl, gesehen, gemocht, begehrt zu werden. Die Männer übrigens auch. Es ist nichts Verwerfliches daran. Und wenn Sie sich in Ihren Klavierlehrer oder in den

Mann verlieben, dem Sie nun schon zum zigsten Mal in der Schlange vor dem Postschalter begegnen (wem schickt er nur dauernd Päckchen?), dann lassen Sie es halt zu, auch wenn Sie in einer »alten«, soliden Beziehung leben. Sie müssen es Ihrem Mann ja nicht gleich brühwarm erzählen, und Sie müssen sich deshalb auch nicht gleich scheiden lassen. Die Psychologin und Buchautorin Ursula Nuber hat ein Buch darüber geschrieben, dass Geheimnisse besser sind als ihr Ruf. Manche Gedanken, Träume und auch Taten gehören nur uns allein, es gibt kein automatisches Recht, alles über einen anderen Menschen wissen zu wollen, nicht einmal, wenn man mit ihm verheiratet ist. Behalten Sie Ihren Flirt für sich und auch das Abenteuer, das vielleicht daraus entsteht. Zumindest, wenn Sie sich eigentlich im Tiefsten sicher sind, dass Sie Ihre bestehende Beziehung beibehalten möchten, so verwirrt und hingerissen Sie auch gerade von dem neuen Mann sind. Ihr süßes Geheimnis wird dafür sorgen, dass Sie sich umso jünger und glücklicher fühlen (endlich wieder einmal etwas Eigenes, etwas, was nur und ausschließlich Ihnen gehört!), und es wird Ihrem angestammten Partner unnötige Kränkung und Verletzung ersparen. Im Gegenteil, vielleicht wird er Ihre »Verjüngung« bemerken und sich ganz neu für Sie erwärmen. Sie werden ihm plötzlich vielleicht nicht mehr selbstverständlich vorkommen wie sein ausgebeulter Regenmantel, und es wird ihm unter Umständen mit einem Mal dämmern, dass Sie noch immer ein sehr begehrenswertes Wesen sind, um das man sich kümmern sollte ...

Kleine Verunsicherungen, etwas Geheimnis tun einer eingefahrenen Beziehung gut. Wir gewöhnen uns so schnell an das, was wir haben. Kleine Irritationen sorgen dafür, dass wir auch in alten Beziehungen wieder neu hinschauen und das, was wir glauben gratis zu haben, aufs Neue schätzen lernen. Gestehen Sie auch Ihrem Mann ein gewisses Eigenleben zu. Erstens macht es ihn auch für Sie wieder interessanter und zweitens ist es sowieso eine Tatsache, dass man einen Menschen nie ganz kennt ...

ES IST AN DER ZEIT, DIE PARTNERSCHAFT ZU PRÜFEN

Wenn die Freiheit plötzlich Flügel verleiht

Menschen entwickeln sich, vor allem, wenn sie einmal erwachsen sind, auf sehr unterschiedliche Weise weiter. Der Rhythmus, in dem sich Entwicklungsschritte vollziehen, kann von Mensch zu Mensch sehr verschieden sein – langsam und konstant oder in Schüben, beeinflusst von äußeren, aber auch von inneren Notwendigkeiten. Bei manchen Menschen nimmt man kaum Veränderungen wahr und ist plötzlich erstaunt, von einschneidenden Entscheidungen zu hören. Andere scheinen sich in ständiger Bewegung zu befinden und sich wie das Wasser immer neue Bahnen und Wege zu suchen. Jeder Mensch folgt seinem eigenen Stern und seinem ganz individuellen Rhythmus der Veränderung.

Deshalb werden die Herausforderungen neuer Lebensphasen auch unterschiedlich angegangen – obwohl wir alle schlussendlich durch die gleichen Erfahrungen hindurchgehen müssen.

Es ist deshalb kein Wunder, dass Paare, und mögen sie noch so gut aufeinander »eingespielt« sein, manchmal aus dem Gleichschritt fallen. Der Auszug der Kinder kann ein solcher Stolperstein sein. Er kann sehr unterschiedliche Gefühle bei den Eltern auslösen: Angst, die Kinder nun ganz zu verlieren, Trauer, Einsamkeit, Furcht vor dem eigenen Älterwerden, ein Gefühl von Freiheit und stärkerer Ungebundenheit, aber auch das unbehagliche Gefühl, sich mit dem Partner auf neue Weise auseinandersetzen zu müssen, Angst vor der Notwendigkeit, einen neuen Rhythmus im Alltag zu finden. Vermutlich tauchen auch Gedanken an die finanzielle Situation auf, die sich jetzt möglicherweise verändert. Und nicht selten fällt der Auszug der Kinder mit dem sich nähernden Ende des eigenen Erwerbslebens zusammen – ein Ereignis, das schon allein für sich genommen konfliktreich sein kann.

Da kann es vorkommen, dass der eine Partner existentiell durchgeschüttelt wird, während der andere aufatmet und denkt: Jetzt bricht endlich die Zeit größerer eigener Freiheit an.

Der eine Partner macht sich vielleicht Hoffnung auf eine neue Zweisamkeit, eine wiederaufblühende

Romantik und ein aktiveres Sexleben, während den anderen der Gedanke beschwert, dem fremd gewordenen Partner jetzt wieder näherkommen zu müssen.

Und es kann gut sein, dass Sie, nachdem Sie getrauert und sich mit sich selbst auseinandergesetzt haben und nun bereit sind, mit Elan und Energie eine neue Wegstrecke in Ihrem Leben anzugehen, feststellen müssen, dass Ihr Mann oder Lebenspartner keine Anstalten macht, Ihnen zu folgen.

> Geben Sie sich und Ihrem Partner Zeit,
> sich auf die neue Situation
> nach dem Auszug der Kinder einzustellen.
> Paare reagieren selten synchron auf ein
> einschneidendes Ereignis, bei dem viele
> – oft unvorhergesehene – Emotionen
> freigesetzt werden. Es kann sein, dass
> Ihr Partner zunächst ganz anders reagiert
> als Sie. Versuchen Sie, bei Ihren Gefühlen
> und Plänen zu bleiben, ohne den anderen
> sofort zum Gleichschritt bewegen zu wollen.

Halten Sie an Ihren Einsichten fest, aber geben Sie dem anderen auch Zeit, sich auf seine Weise und seinem Rhythmus gemäß mit der neuen Lebenssituation auseinanderzusetzen.

Den eigenen Mann wieder kennen lernen

Wo warst du eigentlich die ganze Zeit?

Kinder erfordern unsere ganze Aufmerksamkeit und einen großen Teil unserer Zeit. Wenigstens, solange sie klein sind. Nicht ohne Irritation, Kräche und Enttäuschung lernen wir, dass sich unsere Ehe oder unser Zusammenleben mit einem Mann drastisch verändert, wenn Kinder aus der Paarbeziehung eine Familie machen. Langsam gewöhnen wir uns dann daran, dass sich die Kommunikation mit dem Partner viel – ja vor allem – um den Alltag dreht. Wer steht auf, wenn die Kleine nachts schreit? Wer kauft die Windeln ein? Wer hütet das Kind, und wer bringt wen wann wohin? Wer kümmert sich um die Elternabende und bereitet das Picknick für den Schulausflug vor? Auf welchen Erziehungsstil einigen wir uns? Und wollen beide arbeiten oder bleibt einer als Hausfrau oder Hausmann daheim, solange die Kinder klein sind? Die Entscheidungssituationen nehmen kein Ende: ja, nein, du, ich, wir müssen ...

Der Zwang des Realen ist gewaltig, und das Praktische setzt sich durch. Schwere Zeiten für das Bedürfnis, der Seele des anderen nachzuspüren und dem anderen zu erzählen, was sonst noch alles so in einem vorgeht. Und so wie Übung den Meister macht, was die Alltagsbelange angeht, so, wie wir lernen, Kompromisse zu finden und hier und da einigen Kuhschacher abzunicken, verlernen wir auf der anderen Seite, die Nähe des anderen für das zu erbitten, was uns in tiefster Seele bewegt. Inmitten all unseres heiter-hektisch-tobenden Familienlebens taucht plötzlich die Erkenntnis auf, dass wir uns alleingelassen und einsam fühlen und gerade das nicht mehr mit dem anderen teilen können, um dessen willen wir uns einmal ineinander verliebt hatten. Schnell verdrängen wir den Gedanken, aber er kommt wieder, und eines Tages bemerken wir, dass der Mensch, den wir neben unseren Kindern am meisten lieben, ein Fremder geworden ist. Liebt man diesen Fremden noch? Und er die Fremde an seiner Seite?

Spätestens mit dem Auszug der Kinder stellt sich diese Frage ohne Schnörkel. Und sie will beantwortet werden: Die Zukunft hängt daran.

Jetzt muss Archäologie betrieben werden. Schicht um Schicht muss – vorsichtig, mit Fingerspitzengefühl! – freigelegt werden: Wo steht der andere? Was ist in den letzten Jahren aus ihm geworden? Was vermisst er? Wie fühlt und denkt er?

Was findet er noch immer gut am gemeinsamen Leben, und was möchte er verändern? Welche Träume hegt er, und auf die Erfüllung welcher Wünsche wartet er vielleicht schon ein halbes Leben?

Aus »Mutti« und »Vati« werden wieder zwei Menschen, zwei Individuen. Sie heißen, sagen wir, Peter und Heike, Simon und Ariane, und es gibt Vieles, worüber sie schon lange nicht mehr miteinander gesprochen haben ...

Nutzen Sie die Gelegenheit – es bleibt Ihnen sowieso nichts anderes übrig, wenn Sie weiterhin (oder wieder) eine lebendige Beziehung führen wollen: Lernen Sie Ihren Mann oder Partner aufs Neue kennen. Seien Sie geduldig, vorsichtig (kein unnötiges Geschirr zerbrechen!) und ehrlich.

Nehmen Sie sich Zeit zum Sprechen und/oder für gemeinsame Unternehmungen (wenn der andere nicht reden will). Lassen Sie Ihren Mann in Ihr Herz sehen und hoffen Sie, dass diese Geste erwidert wird. Gestehen Sie dem anderen zu, dass er anders ist als Sie, andere Träume hat, nicht mehr derselbe ist, den Sie geheiratet haben. Finden Sie heraus, was Sie noch verbindet oder verbinden könnte, und pflegen Sie die zarten Triebe gemeinsamer Interessen.

Vielleicht finden Sie neue Gemeinsamkeiten, neue Hobbys, die Ihnen beiden Spaß machen. Vielleicht sehen Sie aber auch, dass Sie sich weit voneinander entfernt haben, dass Ihre Entwicklung in zwei verschiedene Richtungen gegangen ist. Dann müssen Sie bereit sein, sich viel Freiraum zuzugestehen, damit keiner von Ihnen unglücklich wird. Ein gemeinsamer Nenner kann sich im Laufe der Jahre verkleinern, genauso wie er wachsen kann.

Aber das heißt noch nicht, dass Sie sich trennen müssen.

Probieren Sie verschiedene Freiräume aus und schauen Sie, wie Sie beide damit zurechtkommen.

Es ist eine Tatsache, dass immer mehr Ehen auch nach langen Ehejahren geschieden werden, dann, wenn es fast keiner in der Familie und im Freundeskreis mehr für möglich gehalten hätte.

Meist sind es die Frauen, die eine Trennung wollen.

Es lohnt sich, für eine Beziehung zu kämpfen, ihr Zeit und Raum zu geben und neue Möglichkeiten des Zusammenlebens auszuprobieren.

Aber es gibt manchmal auch die berechtigte Einsicht, dass man sich zu weit voneinander entfernt hat und keine gemeinsamen Ziele und Träume mehr finden kann, die einer Beziehung Sinn verleihen.

Alleinerziehende Mütter im leeren Nest

Erst jetzt bin ich wirklich Single!

Nicht alle Frauen, deren Kinder das elterliche Haus verlassen, stehen vor der Frage, ob ihre Ehe der neuen Situation standhalten wird und ob sie mit ihrem altgedienten Ehemann eine gemeinsame Zukunft haben. Ich denke zum Beispiel an die vielen alleinerziehenden Mütter, die schon vor Zeiten diese Frage mit Nein beantwortet haben oder sich damit abfinden mussten, dass ihr Partner sie verlassen hat. Sie schlafen abends weder neben einem Geborgenheit versprechenden (un)geliebt-vertrauten Schnarchton ein, noch wachen sie morgens neben einem Mann auf, von dessen Gefühlswelt sie nur noch wenig Ahnung haben.

Das kann durchaus angenehm sein, und ich habe bisher kaum eine alleinerziehende Mutter getroffen, die in ihre alte Ehe zurückgewollt hätte. Aber auch für diese Frauen hält das Leben eine Prüfung bereit, wenn die Kinder ausziehen: Sie müssen sich jetzt noch einmal heftig mit ihrem Single-Dasein auseinandersetzen, denn erst jetzt, wo die Kinder ihre Sachen gepackt haben, sind sie *wirklich* allein. Auch wenn sie nicht wieder mit einem Mann zusammengezogen sind, war ihr Zuhause bisher von dem Summen und der Geschäftigkeit erfüllt, die jede kleine Wohn- und Lebensgemeinschaft mit sich bringt – ein Grundton, der plötzlich verstummt. Auf einmal hat unsere Stimme keinen Widerhall und keinen sie verstärkenden Resonanzboden mehr. Erschreckt halten wir die Luft an: Wer sagt uns jetzt, dass wir da sind, dass es uns gibt in der Welt der anderen?

Die Einsamkeit erhält plötzlich eine tiefer reichende Dimension. Erschauernd denken wir: Und wenn ich eines Tages ganz allein sterben muss? Die Kinder weit weg leben, kein Mensch mir nachts die Hand hält, wenn die Angst kommt?

Es mag kein Trost sein. Aber wir sterben alle allein. Auch wenn jemand an unserem Bett sitzt und unsere Hand hält. Ein Leben lang haben wir Zeit, uns auf diese Wahrheit vorzubereiten: Den letzten Weg geht jeder allein.

Lässt sich dieser Gedanke aushalten? Schwer. Die meisten verdrängen ihn, ist vielleicht auch besser so.

Aber auch, wenn man gewohnt ist, der Einsamkeit ins Gesicht zu blicken – die Frage stellt sich wieder und wieder: Will ich, muss ich allein leben?

Keine Frau, die mit ihren Kindern allein gelebt hat, kommt an dieser Frage vorbei. Wenn Sie sich in dieser Situation befinden, befragen Sie sich gründlich. Vielleicht ist es jetzt nicht nur an der Zeit, die weiter oben beschriebene äußerliche Verjüngungskur in Angriff zu nehmen, sondern auch laut den Wunsch auszusprechen: Ich möchte noch einmal einen Lebenspartner finden.

Falls Sie zu diesem Schluss kommen: Überlegen Sie, was Sie dazu beitragen können, *dass* sie ihn finden. Wahrscheinlich fällt Ihnen der gesuchte Prinz nicht vor die Füße. Beraten Sie sich ruhig mit Freundinnen, schnuppern Sie in chatrooms und bei Partnerschaftsagenturen im Internet, geben Sie eine Annonce auf. Und lächeln Sie öfter mal einen Mann an, der Ihnen gefällt. Ganz ohne »ernste« Absichten, einfach so. Zum Üben! Versuchen Sie, sich nicht in den Gedanken zu verbeißen, dass es jetzt – sofort! – klappen muss. Bierernst wird es in einer neuen Partnerschaft eh früh genug. In unserem Alltag ist meist so wenig Platz für Verspieltheit …

Zwingen Sie sich aber auch nicht zu etwas, was Ihnen nicht behagt, und hören Sie die innere Stimme des Zweifels, falls sie sich regt. *Müssen* tun Sie gar nichts! Und Zeit haben Sie genug. Ihr Leben ist noch lange nicht zu Ende. Es ist wahr, dass viele Männer nach Jüngeren Ausschau halten. Aber bei jeder Regel gibt es auch Ausnahmen. Allein in meinem engen Freundeskreis haben sich in den letzten Jahren sechs Männer mit Frauen ihres Alters zusammengefunden.

Sie brauchen auch nicht Ihrer alten Mutter den innigen Wunsch zu erfüllen: »Kind, wenn du doch noch einmal einen netten Mann finden würdest. Dann könnte ich in Ruhe sterben!« – nein, auch wenn Ihre Mutter es ehrlich und gut mit Ihnen meint – Sie müssen nicht!

Sie müssen auch nicht Ihren Freundinnen zuliebe wieder in »geordnete« Verhältnisse kommen, damit diese Freundinnen nicht um ihre Ehemänner fürchten müssen, die die Gelegenheit zu einem Seitensprung mit einer »verfügbaren« Frau im Bekanntenkreis für attraktiv halten könnten. Weisen Sie diese Freundinnen ruhig darauf hin, dass ein Seitensprung mit einer verheirateten Frau ihren Männern vielleicht viel gelegener käme, weil sie da weniger Ansprüche und definitive Erwartungen befürchten müssen als bei einer Single-Frau.

Kurz: Machen Sie sich immer klar, dass Sie auch allein ein Ganzes sind und nicht eine »halbe Portion« oder »unfertig«, wenn Sie keinen Freund haben. Und Ihren Beitrag zur demographischen Entwicklung haben Sie auch schon geleistet!

Wenn Sie das alles bedacht haben, kommen Sie vielleicht zu dem Schluss, dass Sie nicht unbedingt einen Partner fürs Leben brauchen und auch zufrieden mit einem Liebhaber sind oder einem guten Freund, mit dem Sie hier und da essen gehen können und der Sie zu Einladungen begleitet, wo sich lauter Paare tummeln.

Es ist wunderbar, einen Menschen zu lieben, auf ihn bauen zu können und ihn neben sich zu wissen. Aber das Leben ist vielfältig, und es gibt viele Möglichkeiten glücklich zu sein, Liebe zu geben und Liebe zu empfangen.

Und keine Form der Liebe ist per se besser als die andere.

Der Abschied in Raten

Bei welchem Kind ist es am schlimmsten?

»Beim ersten Kind ist es am schlimmsten«, sagt meine Freundin, »da hab ich schrecklich geheult. Beim zweiten ist man dann schon ein bisschen dran gewöhnt. Aber wenn das letzte Kind das Haus verlässt, wird es vielleicht noch mal sehr schlimm ...« Mutmaßungen. Vorauseilende Gedanken. Ein Gespräch, das von der Gegenwart und vom Leben schon wieder überholt ist. Damals, als wir dieses Gespräch führten, war gerade die zweite der drei Töchter ausgezogen. »Ich habe zu der Ältesten immer eine sehr enge Bindung gehabt, es gab kaum Spannungen, auch in der Pubertät nicht. Wir sind uns immer nah gewesen. Ich hab sie schrecklich vermisst. Sie ist auch gleich relativ weit weg gezogen, da konnte man sich nicht mal eben so treffen.

Mit der zweiten gab es mehr Spannungen, das machte den Auszug etwas einfacher; ein bisschen Abstand bekam uns gut. Sehr gut, unser Verhältnis ist viel besser jetzt. Der Liebe tut etwas Abstand ja auch ganz gut ...«

Inzwischen ist auch die Jüngste ausgezogen.

»Und: War es noch einmal ganz schlimm?«, frage ich.

Meine Freundin lacht. Sie erinnert sich an die eigenen Voraussagen.

»Nein, überhaupt nicht, weil ... erstens wohnt sie in der Nähe und kommt oft vorbei, und zweitens wohnen die älteren Mädchen immer mal wieder bei mir. Im Moment zieht gerade die Älteste mit ihrem Freund ein, die beiden wollen in der Nähe einen Laden aufmachen und für den Anfang ist es praktisch, wenn sie erstmal hier wohnen ...«

Eigentlich wollte sie sich verkleinern und das schöne, große, alte, aber schwer zu beheizende Haus aufgeben. Schnee vom vergangenen Jahr. »Das kann ich ja jetzt unmöglich machen!«

Das Haus meiner Freundin war immer ein Taubenschlag. So liebt sie es. Und so wird es bleiben.

Männer sind in dieser Konstruktion ein schönes Beiwerk. Sie sind gern gesehen, aber Gäste, die kommen und gehen. Seine eigentliche Ausstrahlung und Lebensfülle erhält das Haus meiner Freundin allein durch sie.

Und wie ist das in den Familien, wo eins, zwei, mehr Kinder ausziehen und ihre Eltern Schritt um Schritt wieder zum Ehepaar werden lassen?

»Das war ganz schrecklich«, sagt eine Bekannte. »Als der erste von meinen beiden Söhnen auszog, hatte ich das Gefühl, alles sei vorbei. Ich bin in ein furchtbares Loch gefallen. Ich habe dann langsam realisiert, wie sehr mein Sohn zwischen meinem Mann und mir vermittelt hat, wie ausgleichend er gewirkt hat. Er hat da eine Aufgabe übernommen, die ihm doch gar nicht zuzumuten war, aber so war es. Es war also nicht nur der Trennungsschmerz, der mich so gebeutelt hat. Ich habe auch gemerkt, dass mein Mann und ich in einer Krise stecken, die wir jetzt allein lösen müssen.«

Manche Paare erfahren die vielleicht zum bangen Schrecken gewordene Zweisamkeit mit dem Partner gleich beim Auszug des ersten Kindes, andere eher dann, wenn das letzte geht.

»Ich glaube, das hängt mit der jeweiligen Beziehung zum einzelnen Kind zusammen«, sagt eine Mutter. »Zuerst zog meine Tochter aus. Damit bin ich ganz gut zurechtgekommen. Sie hat bis zu ihrer Heirat zuhause gewohnt. Und jetzt kriege ich auch gleich das erste Enkelkind. Aber die Vorstellung, dass mein Sohn auszieht, macht mir sehr zu schaffen. Er ist es, der mir am Abend mal einen Tee macht und sich darum kümmert, wie es mir geht. Wenn er auch noch auszieht, dann bin ich ja allein mit meinem Mann ... mein Mann, der ist ja jetzt immer da, er ist seit kurzem pensioniert ...« Sie spricht nicht weiter, schaut mich an. »Also ich glaube, wenn mein Sohn auszieht, wird das schrecklich für mich sein.«

Die bedingungslose Liebe gibt es nicht. Auch nicht bei Müttern. Selbst wenn der Gedanke schön wäre. Auch wenn man es von uns Müttern gern verlangt. Oder wir es selbst gern so sehen würden. Es gibt Lieblingskinder. Und wenn es keine Lieblingskinder gibt, so doch unterschiedliche Beziehungen zu den eigenen Kindern: enge, wesensverwandte, vorsichtige, unsichere, aber auch konfliktreiche und selbst solche, wo einem das eigene Kind auf unerklärliche Weise fremd bleibt. Es gibt angespannte Beziehungen, die sich zu harmonischen wandeln, und es gibt konfliktreiche Beziehungen, die das ganze Leben über so bleiben. Das gilt es hinzunehmen – auch das ist eine Realität.

Entsprechend unterschiedlich wird der Auszug der einzelnen Kinder erlebt. Überraschungen inbegriffen.

Mag sein, dass der Abschied von der Lieblingstochter leichter fällt als gedacht und uns die Reibereien mit der widerspenstigen anderen plötzlich irritierend heftig fehlen. Dass der Auszug des ersten Kindes locker über die Bühne geht und sich beim Auszug des zweiten – obwohl wir doch schon Übung haben – das Herz ganz schrecklich zusammenkrampft und die Welt sich verdüstert. Depressive Verstimmungen kommen oft dann, wenn man sie nicht erwartet. Einsichten auch. Auf einmal stellt sich die Beziehung zu einem Sohn, einer Tochter anders dar, als man immer meinte. Oder der Partner bekommt die Krise, weil das Nesthäkchen, seine Kleine! , ihn »verlässt«. Plötzlich realisiert der Vater »der Kleinen«, dass er ein Mann ist, dem nicht nur sein Beruf zum Hals heraushängt und der älter wird, sondern dass er vielleicht überhaupt sein ganzes Leben lang den falschen Beruf ausgeübt und für falsche Werte gelebt hat. Und dass seine Frau eigentlich nie zuhause ist, wenn er mal Zeit für sie hätte. Sie geht nämlich jetzt abends in den Sprachkurs oder singt im Chor. Wenigstens gibt sie das vor.

»Du kommst ja eh immer spät vom Büro nach Hause«, sagt sie, als er nachfragt, warum sie so oft weg ist ...

> Vergessen Sie nicht: Auch Ihr Mann hat eine Beziehung zu den Kindern. Er erlebt ihren Auszug aus der gemeinsamen Wohnung oder dem Haus vielleicht anders als Sie, aber er setzt sich damit auf seine Weise genauso auseinander wie Sie sich auf Ihre. Da seine Beziehung zu den einzelnen Kindern sich sehr von der Ihren unterscheiden kann – er hängt vielleicht mehr an der gemeinsamen Tochter, Sie am Sohn –, fallen seine Reaktionen unter Umständen auch anders aus. Sprechen Sie darüber. Auch das ist eine mögliche Art, sich wieder näherzukommen.

Auch der Abschied auf Raten bleibt ein Abschied. Und auch er macht – weil er uns emotional »aufweicht« – dünnhäutig, schärft die Wahrnehmung für andere mögliche »Krisengebiete« im eigenen Leben.

Auch aufgeschoben und aufgeteilt ist nicht aufgehoben – das frostige Gefühl der Endlichkeit, das mit Ablösungen und Trennungen einhergeht, bleibt keinem erspart.

Und, ziehen Sie sich warm an:

»Noch härter finde ich es«, sagt eine ältere Frau, »wenn die *Enkel* einen nicht mehr brauchen. Vielleicht ist es auch einfach schon zu lange her, dass meine Kinder ausgezogen sind. Vielleicht erinnere ich mich nicht mehr an den Schmerz von damals. Aber ich glaube, ich habe das wirklich weniger empfunden. Ich kriegte auch was im Gegenzug geschenkt. Als mein einer Sohn auszog, der Erste, der ging, hatte er eine Freundin, mit der ich mich sehr gut verstand. Er zog aus, aber dafür kam sie oft zu mir und wir gingen zusammen mit den Hunden raus. Das war sehr schön. Und man bekam schließlich auch ein Stück Freiheit zurück. Mit den Enkeln ist es anders. Man hat weniger Verantwortung, weniger Sorgen, man freut sich einfach an ihnen. Wenn die Kinder ausziehen, fällt auch eine Last von einem ab. Aber wenn die Enkel, die man viel gesehen und bei sich gehabt hat, älter werden und seltener kommen, macht dieser Verlust wirklich traurig.«

Ja. Es gibt immer wieder neue Abschiede. Schmerzen, von denen man erst weiß und die man erst kennen lernt, wenn man eine neue Lebens- und Altersstufe erreicht. Damit man nicht aus der Übung kommt. Und sich die Dankbarkeit für schöne Augenblicke bewahrt.

UNGLEICHE ERFAHRUNGEN MIT DEM ÄLTERWERDEN

Mütter und Nicht-Mütter

Viele Frauen haben Kinder, andere haben keine. Ganz gleich, älter werden wir alle. Aber wie? Kinder haben zehrt. Jedes Kind ein Zahn, sagte man früher. Das Kind entzieht in der Schwangerschaft dem mütterlichen Körper die Stoffe, die es braucht. Offenbar schlug sich das früher, als man noch keine Nahrungssupplemente kannte, darin nieder, dass die Frauen dafür mit geschwächten Zähnen herumliefen.

Kinder zehren auch, wenn sie erstmal auf der Welt sind: an den Nerven, am Schlaf. Junge Mütter haben nach vielen Wochen Schlafentzug oft das Gefühl, dass sie richtig alt aussehen.

Kinder halten die Mütter auf Trab. Mütter sind Jonglier- und Anpassungskünstler: Flexibel bleiben ist die Devise, wenn man über Jahre oft sehr unterschiedliche Bedürfnisse und Ansprüche zusammenbringen muss.

Arbeit hält jung, heißt es so schön im Volksmund. Das soll sogar wahr sein, wenn die Arbeit nicht zu viel Negativ-Stress enthält.

Was mir aber immer aufgefallen ist, obwohl man denkt, es müsste andersherum sein: Kinder halten tatsächlich jung. Denn Flexibilität und die Fähigkeit zu spontanen Entschlüssen (»Was, ihr habt schulfrei? Sehr gut. Dann kaufen wir heute statt am Samstag die neuen Schuhe.« – »Wir wollten heute nach Marokko in die Ferien, aber das Kind hat auf einmal Fieber. Ich hab das jetzt alles umgebucht. Wir fahren nächste Woche in den Bayrischen Wald ...«) sind wahre Wunderwaffen gegen das Einrosten, Verkalken, Sonderlichwerden. Frauen, die Kinder großgezogen haben, sind, wenn sie älter werden, oft wesentlich unkomplizierter als ihre kinderlosen Freundinnen.

»Du willst lieber an *dem* Tisch sitzen? Kein Problem, mir egal.« »Das Fisch-Menu ist ausverkauft? Na gut, dann nehme ich halt das Schnitzel.«

»Der Föhn im Hotelzimmer ist kaputt. Macht nix, dann wasch ich die Haare eben, wenn wir wieder zuhause sind.«

Das ist das Eine.

Die Mühsal der »Kinderaufzucht« verwandelt sich beim Älterwerden aber noch in einen anderen Vorteil.

Mütter gewinnen, wenn die Kinder erwachsen werden, etwas wieder, was sie damals, als sie Kinder bekamen, freiwillig aufgegeben haben: ein großes Stück Freiheit. Wer die Freiheit immer hat, spürt sie kaum mehr. Was selbstverständlich ist, ist wie nicht da. Den Müttern aber wird die Luft der Freiheit neu geschenkt – eine wunderbare, eine kostbare Erfahrung! Eine Erfahrung, die Frauen, die nie Kinder hatten, so nicht kennen.

Im kinderlosen Zustand bewegt sich das eigene Leben auf einem Kontinuum, das Schritt für Schritt aufs Alter zusteuert.

Wer jedoch Kinder hat, findet sich irgendwann wie in einem anderen Leben wieder – dem eigenen Leben von »damals«, als man jung war, und bei dem man jetzt, wo die Kinder aus dem Haus sind, wieder anknüpfen kann, ja anknüpfen *muss,* weil eine Neuorientierung fällig ist.

Auch das ist ein Geschenk, das Kinder einem machen.

VOM WUNSCH ZU TADELN UND ZU STRAFEN

Aus den Augen, aus dem Sinn

Kinder sind ein Geschenk. Aber manchmal eins, das man enttäuscht in die Ecke schmeißen möchte. Denn genau so fühle ich mich gerade: achtlos in die Ecke geworfen und vergessen – von eben dem Kind, das man mit Mühen und Plagen großgezogen hat. Kaum sind sie ausgezogen, herrscht das große Nichts. Kein Anruf, keine Nachricht auf dem Telefonbeantworter, kein Spontanbesuch, kein E-Mail aus der Ferne. Als wären sie vom Erdboden verschluckt oder besser: als sei man selbst – zur völligen Bedeutungslosigkeit geschrumpft – keine wahrnehmbare Größe mehr.

Mütter sind nicht über alle menschlichen Schwächen erhaben. Sie sind ziemlich oft gekränkt. Und manchmal auch zu Recht.

Wir alle möchten für die Menschen, die wir lieben, wichtig sein. Und wenn einem etwas wichtig ist, kümmert man sich doch darum, oder etwa nicht? Und wenn schon der eigene Ehemann seinen Schuhen mehr Aufmerksamkeit widmet als seiner Frau, könnte wenigstens die Tochter hier und da fragen, wie es einem geht. Der Sohn sowieso.

Immer waren sie uns unendlich wichtig. Aber wie wichtig sind wir ihnen?

Kein Mensch ist gefeit davor, Dankbarkeit zu erwarten für das, was er für andere getan hat. Gewiss, edel und gut ist das nicht. Aber das räumt die Tatsache unedler Gefühle noch lange nicht aus der Welt. Ganz im Gegenteil: Manchen Ärger päppeln wir mit nicht unerheblicher Befriedigung zur echten Verbitterung auf. Sie sind unsere Kinder, und über Jahre und Jahre haben wir sie erzogen, ihnen beigebracht, was sich gehört und wie soziale Beziehungen funktionieren. Und wenn sie nicht folgten, haben wir geschimpft und manchmal auch gestraft. Und wenn wir schon bei den unedlen Gefühlen sind: Manchmal empfinden wir Genugtuung, wenn wir strafen. So, das hast du jetzt davon! Du hast es ja nicht anders gewollt. Da fühlen wir uns doch gleich besser. Ja, geh nur zerknirscht in dein Zimmer. Ich bin die Geduld in Person, man kann mich lange reizen – bis zu einem bestimmten Punkt …

Und damit haben wir uns aus dem Staub der Missachtung erhoben. Das Gleichgewicht der Mächte ist wieder hergestellt.

Liebe, Stolz
und die nötige Distanz

Also ich rufe jetzt nicht an!

Die Wochen vergehen. Sie haben noch immer nichts von Ihrem lieben, im Moment aber bösen Kind gehört. Selber anrufen? Nein. Kommt nicht in die Tüte!

Richtig so. Nicht grundsätzlich, aber im Augenblick. Denn das Beste, was Sie tun können, ist, Ihrem Kind Zeit zu geben. Neben dem Effekt, sich selbst ein bisschen Stolz bewiesen zu haben.

Geduld. Denn wie Sie vermutlich bald – oder irgendwann – mit ziemlicher Wahrscheinlichkeit feststellen werden, *sind* Sie Ihren Kindern nicht nur lieb, sondern auch wichtig. Doch die meisten psychischen Prozesse brauchen Zeit – eine Ablösung, eine Neu-Gewichtung im eigenen Leben, die Installierung neuer Lebensgewohnheiten.

Zeit und Distanz sind kluge Berater und hilfreich bei der Bewertung der Vergangenheit.

Und weil das trotzige »Ich rufe jetzt auch nicht an« viel mit der Erwartung von Dankbarkeit zu tun hat, über die ich auf den Seiten vorher gesprochen habe, erzähle ich hier eine kleine Geschichte nach, die ich neulich im Radio gehört habe und die zur moralischen Erziehung von Eltern gedacht ist:

Eine Vogelfamilie muss ein großes Wasser überqueren. Die Jungen sind noch klein und können noch nicht fliegen, aber die Reise duldet keinen Aufschub. Also nimmt der Vogelvater ein Junges und fliegt mit ihm übers Wasser. Unterwegs sagt der Vater zum Vogeljungen:

»Es ist ein hartes Geschäft, dich auf die andere Seite zu bringen! Wirst du, wenn du groß bist und ich alt geworden bin, auch so gut für mich sorgen?«

»Aber natürlich!«, antwortet das Junge.

»Du lügst!«, ruft der Vogelvater aufgebracht und lässt das Vögelchen fallen und elend im Wasser ertrinken.

Dann packt er das zweite Junge und macht sich auf den Weg über das große Wasser.

»Siehst du, wie beschwerlich das ist?«, fragt er das Junge. »Wirst du es mir eines Tages danken und so für mich sorgen, wie ich immer für dich gesorgt habe?«

»Ja, Vater«, antwortet das Junge angstvoll, denn unter den zweien liegt das tiefe Wasser. »Ich will mir alle Mühe geben, gut für dich zu sorgen.«

»Das wirst du nicht, du verlogenes Balg«, ruft der Vater und lässt das Vogeljunge in sein Verderben stürzen.

Auch dem letzten Jungen stellt er seine Frage. Darauf antwortet das Junge:

»Ich weiß nicht, Vater, ob ich das tun werde. Wie kann ich das jetzt wissen? Aber ich werde mich bemühen, das, was du für mich getan hast, später einmal für meine Jungen zu tun.«

»So ist es gut!«, rief der Vogelvater aus, »Du bist ein wohlgeratenes Kind!«

Und er brachte ihn sicher auf die andere Seite des Wassers.

In dieser Geschichte liegt eine Menge Wahrheit. Aber wir sind nicht Vogelväter, sondern Menschenmütter und lassen unsere Jungen nicht einfach über dem Wasser fallen, wenn sie eine falsche Antwort geben. Und weil wir so sind, sind wir auch öfter mal gekränkt und enttäuscht, wenn wir glauben, unsere Kinder springen allzu ruppig oder lieblos mit uns um.

Ich bau mir lieber eine andere Brücke, wenn ich lange nichts von meinem Sohn höre, um mich selbst zu besänftigen. Dabei darf ich dann zwischen mehreren Möglichkeiten auswählen:

1) Mein Sohn hat ein schlechtes Gewissen, dass er sich so lange nicht gemeldet hat. Und je schlechter das Gewissen wird, umso schwerer wird das Anrufen.
2) Mein Sohn ist verliebt. Er hat jetzt wirklich anderes im Kopf als seine langsam ergrauende, bedürftige Mutter.
3) Mein Sohn ist sich selbst nicht grün. Sein grübelnder Ego-Trip macht ihm weder Lust auf gute Ratschläge noch auf liebenden Zuspruch, sonst würde er sich melden. Er will und muss alleine durch die Situation, in der er sich befindet.
4) Er war schon immer ein Schussel. »Ich dachte, das wäre klar gewesen, dass ich dann komme ...«

Wenn ich alle Möglichkeiten durchgegangen bin, einige Zeit verstrichen ist, mein Groll sich relativiert hat (s. Möglichkeit 1–4) und meine Sehnsucht wächst, ja: dann rufe ich an.

Sie machen es uns vor

Unsere Kinder als Vorbild

Lernen wir doch von unseren Kindern. Auch davon, dass sie sich nicht mehr so häufig melden. Tun wir doch dasselbe wie sie: unser Leben beherzt in die Hände nehmen – ohne Rückversicherungsanstalt.

Zwischen fünfzig und sechzig kann man noch einmal sein Leben umkrempeln. Viele Mütter sind in dieser Zeit noch berufstätig. Eine ganze Reihe von Frauen, die ich kenne, haben die Wechseljahre, den Auszug der Kinder oder auch eine Ehekrise zum Anlass genommen, noch einmal grundlegend darüber nachzudenken, was sie noch vom Leben wollen, was sie sich nehmen, was sie geben möchten. Es soll keine böse Warnung sein, aber nach sechzig wird es schwierig, noch einmal neu anzufangen. Unmöglich ist es nicht, aber schwierig; schwieriger als in dem Jahrzehnt, das von Altersforschern heute noch dem mittleren Alter zugerechnet wird. Für viele Frauen ist dies ein guter Zeitpunkt, sich selbstständig zu machen. Das tun, was man vielleicht schon lange in Gedanken gehegt und ausprobiert hat. Wovon man schon lange geträumt hat. Nur getraut hat man sich nie. Jetzt ist die (letzte) Gelegenheit dazu!

Obwohl es abzusehen ist, dass die Menschen in Zukunft nicht nur länger leben, sondern auch länger werden arbeiten müssen, und obwohl es eines Tages Engpässe bei der Ressource Arbeitskräfte geben wird, ist es heute schwer, als Frau über fünfzig noch einen guten Job zu finden. Aber warum nicht die Erfahrung aus vielen Jahren nutzen, um sich selbstständig zu machen und endlich Herrin auch über das eigene Arbeitsleben zu werden? Natürlich haben Sie Recht: Der Erfolg des Unternehmens ist ganz und gar nicht gesichert. Finanziell werden Sie Einbußen hinnehmen müssen – zumindest zu Beginn. Auf manchen Komfort, lange Ferien und vieles mehr werden Sie vielleicht verzichten. Und arbeiten werden Sie viel.

Aber warum sollen wir nicht auch hier von unseren Kindern lernen? Auch sie werden in den ersten Jahren ihrer Ausbildung und ihres Berufslebens vermutlich bescheiden leben oder knapp durchmüssen, und doch sind sie in den meisten Fällen guter Dinge und packen ihr Leben mit einem ziemlichen Unternehmergeist an!

Mein Sohn kommt mit wenig Geld aus und jammert nie. Das heißt nicht, dass er nicht über ein gutes Essen bei Muttern oder eine Einladung ins Kino oder ins Restaurant strahlt. Auch Sie könnten Ihr Budget vermutlich einschränken, ohne auf alle Freuden verzichten zu müssen. Es kommt immer darauf an, wie man Luxus definiert!

Natürlich will ein solcher Schritt überlegt und auch sorgfältig geplant werden. Wer Großes vorhat, muss sich über Vieles klar werden:

Wovon träume ich?

Habe ich auch die Fähigkeiten dazu, meinen Traum zu realisieren, oder kann ich sie mir im Rahmen einiger Jahre erwerben?

Habe ich das Geld, um mir diese Fähigkeiten im Rahmen einer Ausbildung anzueignen oder die anfänglich notwendigen Investitionen aufzubringen?

Wer könnte mich bei meinem Unterfangen beraten?

Wer könnte mich finanziell unterstützen?

Wie groß sind meine finanziellen Bedürfnisse?

Wie groß ist mein Sicherheitsbedürfnis? Meine Angst vor dem Risiko?

Wie steht es um meine Gesundheit? Muss ich auf bestimmte Krankheiten Rücksicht nehmen?

Wie fit bin ich eigentlich?

Denken Sie darüber nach. Vor allem aber: Träumen Sie! Für Träume gibt es viele Optionen. Sie könnten sich auch entschließen, weniger zu arbeiten als bisher, um sich endlich Ihren Hobbys mehr widmen zu können. Lesen, Reiten, Klavier spielen, Wandern, die Fahrprüfung nachholen, Spanisch lernen ...

> Nehmen Sie sich Ihre Kinder zum Vorbild. Treten Sie aus dem Schatten Ihrer Kinder, so wie diese nun aus dem Schatten ihrer Eltern treten. Streifen Sie Ihre Mutterrolle ein Stück weit ab, so wie Ihre Kinder ihre Rolle als Sohn oder Tochter. Jetzt ist die Zeit, sich noch einmal neu zu erfinden. Haben Sie keine Angst. Ihre Kinder machen Ihnen vor, wie es geht, das Leben und die Zukunft in die Hand zu nehmen und dieses Abenteuer – großartig zu finden.

Sie werden sehen, wie schnell die Zeit vergeht mit all den Plänen, die Sie nun haben. Schon wieder zwei Wochen vorbei. Und Sie haben Ihre Kinder *nicht einmal* angerufen. Hoffentlich machen die sich keine Sorgen! Der Aufbruch aus der sicheren Mutterrolle ist eine Reise ins Ungewisse. Aber das war die Reise *in* die Mutterschaft schließlich auch.

Aufgefressen von den eigenen alten Eltern

Die neue Freiheit – schon wieder dahin?

Die Freiheit ist eine wunderbare Sache. Langsam entdecken wir es. Auch ohne Kinder ist es eigentlich ganz schön. Richtig schön. Hier und da kommen sie ja doch zum Essen und helfen sogar, wenn man sie um etwas bittet. Es ist sogar in Ordnung, wenn sie dann auch wieder gehen. Man weiß ja, man sieht sich wieder. Und Hauptsache, alles läuft gut bei unseren Süßen.

Diese Gefühle sind im Einklang mit verschiedenen Untersuchungen, die die Glücksforscher angestellt haben. Sie haben nämlich herausgefunden, dass Kinder nicht grundsätzlich glücklich machen. Natürlich empfinden viele Eltern ihre Kinder als Glücksfall. Aber im Allgemeinen erhöhen sie die Lebenszufriedenheit nicht, solange sie im Haus der Eltern leben, weil sie durchaus auch Probleme machen. Erst wenn Kinder »ausfliegen«, machen sie ihre Eltern wirklich glücklich. Die Verantwortung für das Leben der Kinder nimmt ab, der Stolz und die Freude, diese Kinder zu haben, nimmt zu ...

Wir haben also gelernt loszulassen und uns wieder dem eigenen Leben zuzuwenden. Da gibt es schließlich Herausforderungen genug.

Und jetzt – jetzt werden die eigenen Eltern immer hilfsbedürftiger! Der Vater hat zunehmend Mühe mit dem Laufen. Bei der Mutter hat der Arzt Anzeichen von Altersdemenz festgestellt. Sie kommt zuhause allein nicht mehr so gut zurecht. Irgendwann einmal wird es gefährlich, sie allein in der Wohnung zu lassen ...

Dies ist kein Buch für Mütter über den Umgang mit den eigenen Eltern. Und alte Eltern werden auch nicht wieder zu Kindern, die wir jetzt in unsere Obhut nehmen müssen wie damals unsere Söhne und Töchter. Sie bleiben erwachsene Menschen, auch wenn sie hilflos werden. Und doch gilt es, sich mit der Situation auseinanderzusetzen. Sie fällt zeitlich oft mit der Zeit zusammen, in der die Kinder ausziehen. Und es gilt, etwas von der neu gewonnenen Freiheit trotzdem zu bewahren. Weil wir ein eigenes Leben haben. So wie unsere Kinder. Gerade haben wir das gelernt: uns nicht mehr einzumischen, sie ihren Weg gehen zu lassen, zu akzeptieren, dass sie anders sind als wir. Uns wieder und wieder zurückzuhalten.

Auch unsere Eltern mussten das einmal lernen, damals, als wir unser Zuhause verließen.

Es ist ihnen zu jener Zeit vermutlich genauso schwergefallen wie uns heute, die Kinder ziehen zu lassen. Jetzt teilen wir mit ihnen diese Erfahrung. Heute können wir unsere Eltern viel besser verstehen.

Nun verändert sich die Situation noch einmal. Das hohe Alter macht Angst. Es nimmt dem Menschen eine Fähigkeit nach der anderen, erlegt uns eine Einschränkung nach der anderen auf. Wir werden langsamer, unsicherer, hilfsbedürftiger. Wir brauchen unsere Kinder. Unsere alten Eltern brauchen uns. Und sie strecken die Arme nach uns aus. Mit sehr gemischten Motivationen. Alte Besitzansprüche regen sich. Erwartungshaltungen vermengen sich mit ehrlichem Bedürfnis und wahrer Bedürftigkeit. Sie haben mit ihren Ansprüchen Recht und wieder auch nicht.

Nehmen Sie sich auch hier ein Beispiel an Ihren Kindern. Schauen Sie, wie diese Grenzen setzen, ohne Ihnen die Liebe aufzukündigen. Und machen Sie es mit Ihren Eltern wie mit Ihren Kindern: Mischen Sie sich so wenig wie möglich ein und seien Sie da, wo es nötig ist. Glauben Sie nicht zu wissen, was für Ihre Eltern richtig oder nötig ist, aber hören Sie zu, versuchen Sie zu verstehen und sich einzufühlen und tun Sie das für Ihre Eltern, was Sie mit Ihrem Leben vereinbaren können, ohne sich selbst und Ihre Bedürfnisse zu verleugnen. Denken Sie an die Geschichte von dem Vogelvater und seinen Jungen. Aber denken Sie auch daran, dass Sie selbst einmal alt sein und Sehnsucht danach haben werden, dass jemand an Ihrer Seite ist.

Rituale der Wiederannäherung

Ich koch dann mal für dich!

Dieser Satz kam eher halbherzig und pflichtbewusst über die Lippen meines Sohnes, als er auszog, um in seiner WG ein neues Leben zu beginnen. Es dauerte Wochen, ja Monate, bis es dazu kam, dass er mich einlud, mir seine Behausung wirklich anzusehen. Die zwei Mitbewohnerinnen waren auch da, und offensichtlich war es ihm etwas peinlich, mich in der Küche sitzen zu haben. Wenigstens zahlte sich die Tatsache, dass mein Sohn ein guter Koch ist, für die Stimmung aus: Die Mädels wollten mitessen und nahmen dafür die Mutter in Kauf.

Alles ging soweit gut, es kam sogar ein richtiges Gespräch in Gang. Im Nachhinein denke ich nur, ich hätte etwas eher gehen sollen. Zurückgehalten hat mich jedenfalls keiner, als ich aufbrechen wollte.

»Komm aber jetzt nicht jede Woche vorbei«, sagte mein Sohn beim Abschied.

Früher habe ich mich jeden Tag auf unser gemeinsames Abendbrot gefreut.

Wir haben das beide geschätzt. Wir tauschten beim Kochen und Essen aus, was wir tagsüber erlebt hatten und gingen nach dem Essen beide wieder unserer Wege.

»Komm aber jetzt nicht jede Woche vorbei.«

Ja. Er hat Recht. Ich stehe an der Bushaltestelle, gerade bei dem rosafarbenen alten Haus, wo er jetzt wohnt. Oben, unter dem Dach, ist noch Licht. Worüber er jetzt wohl noch nachdenkt, beim Abwaschen und Aufräumen? Ich weiß es nicht. Und auch das ist richtig so.

Ich muss aufhören, darüber nachzudenken, was er denkt. Unsere Wege haben sich – im Guten zwar, aber doch getrennt.

Trotzdem. Ein erster Schritt der Wiederannäherung ist immerhin gemacht.

Nach der langen Pause, die er gebraucht hat, um sein altes Zuhause zurückzulassen. Ein kleiner Schritt. So empfinde ich es.

Ein großer Schritt, so würde er es wohl nennen.

Einige Wochen später. Wir erproben einen weiteren Schritt, ein neues Ritual: Treffen an einem neutralen dritten Ort.

Dieses Ritual ist meiner Erfahrung nach sehr zu empfehlen.

Es ist Sommer. Eine gute Idee, sich am See zu verabreden. Ich schaue auf die glitzernde Wasserfläche, eine späte Nachmittagssonne verwandelt den See in bewegtes Silber. Plötzlich spüre ich einen Arm um meine Schultern.

»Hallo, Mum«, sagt mein Sohn, und ich weiß sofort: Heute ist es richtig. Heute machen wir es gut. Wir bummeln am See entlang, erzählen uns alles Mögliche, Wichtiges und Unwichtiges, was man halt so schwätzt, wenn man sich gut kennt und mag. Bei einer der vielen Buden, die sich an der Seepromenade aneinanderreihen, holen wir uns ein Lammcurry, essen es auf einer Bank und schauen dabei den Enten und Schwänen zu.

Diesmal spüren wir beide, wann es Zeit ist, aufzubrechen. Es braucht kein korrigierendes Wort.

Die kleinen Wunder geschehen immer unerwartet und überraschend. Gerade als ich meinen Sohn anschaue und Tschüs sagen will, nimmt er meine Hand.

»Komm«, sagt er, »gehen wir noch zusammen die Bahnhofstraße runter«. Die Bahnhofstraße ist

Zürichs Prachtstraße. Mein Sohn ist groß, schlank und braungebrannt, und ein super-sexy T-Shirt fällt auf seine schmalen Hüften. Er lässt meine Hand nicht los, die ich ihm sanft entziehen will. Er plaudert unbefangen weiter, und obwohl ich sozusagen noch eine sehr rüstige Alte bin, habe ich zum ersten Mal das Gefühl, als führe jetzt mein Sohn mich an der Hand nach all den Jahren, in denen er seine kleine Hand in meine geschoben hat, um sich von mir sicher führen zu lassen an altvertraute und auch neue Orte auf dieser großen weiten Welt.

Als wir uns verabschieden, einer nach rechts, einer nach links weitergeht, macht es mir nichts aus, ihn im Gewimmel verschwinden zu sehen.

Inzwischen ist fast ein Jahr vergangen.

In der WG meines Sohnes bin ich bisher nicht wieder gewesen. Neulich hieß es: »Du könntest mal wieder zum Essen kommen.« Ich habe nicht auf einen Termin gedrängt.

Mein Sohn ist aber inzwischen oft bei mir zuhause gewesen, mal schnell zum Mittagessen, auch mal zum Sonntagsbraten und einem gemütlichen Fernsehabend vor der Glotze.

Er leiht sich jetzt Bücher bei mir aus. Und am Sonntagmorgen legt er sich zum Frühstück klassische Musik auf, sehr zur Verwunderung seiner Mitbewohnerinnen. »So, wie wir das früher immer gemacht haben«, sagt er.

Zu seinem Geburtstag sind wir in die Stadt shoppen gegangen. Er hat Pullover und Schuhe probiert, ich Kleider. Er ist einer der wenigen Männer, die gern in Modegeschäften stöbern. Und er liebt schöne teure Sachen. Bei Tiffany's haben wir uns den besonderen berühmten Tiffany-Schliff der Diamanten erklären lassen. »Das dauert noch, bis ich meiner Mutter einen Diamantring schenken kann«, sagte er mit charmantem Lächeln zu der Verkäuferin. »Wahrscheinlich wird nie was draus. Aber ich höre Ihnen trotzdem gerne zu.« Ich glaube, sie hat ihm ganz gut gefallen. Einen Pullover hat er nicht gefunden, also habe ich ihm Geld zum Geburtstag geschenkt. Und dann sind wir, wie in alten Zeiten, zusammen in den neuen *James Bond* gegangen.

> Seien Sie geduldig, und überlassen Sie, wo immer Sie können, Ihren Kindern die Führung bei den Versuchen einer Wiederannäherung, nachdem sie ausgezogen sind.

> Egal, ob sie im Guten oder im Schlechten
> gegangen sind, alle Beteiligten brauchen
> Zeit, um sich mit der neuen Situation
> zurechtzufinden, und die jungen
> Erwachsenen haben dabei noch
> weniger Erfahrung als wir Mütter.
> Halten Sie sich zurück,
> drängen Sie sich nicht auf (sehr schwer!).
> Und: Vertrauen Sie
> auf den guten Boden Ihrer Beziehung.

Über kurz oder lang meldet sich Ihre Tochter, Ihr Sohn von allein. Die Zeit kommt Ihnen wahrscheinlich ewig vor und Ihren Kindern megakurz. Verzichten Sie auf die Bindungstricks, von denen ich weiter oben gesprochen habe. Ihre Kinder haben nun alle Hände voll zu tun, ihr neues Leben zu organisieren. Sie denken nicht mehr täglich an uns! (Und wir sollten uns das auch abgewöhnen.)

Manchmal allerdings kommen wir ihnen zu sehr ausgefallenen Zeiten in den Sinn. Vor einiger Zeit war ich mit einer Freundin ein paar Tage in Lissabon. Eines Nachts schellte plötzlich ihr Handy. Es war ihre Tochter, die den drängenden Wunsch verspürte, mit ihrer Mutter zu diskutieren, ob sie sich ein Pferd kaufen solle. »Weißt du eigentlich, wie spät es ist?«, fragte meine Freundin verschlafen. Ja, schon, das wusste die Tochter, die gut über zwanzig ist. »Aber du freust dich doch, wenn ich dich um Rat frage, oder?«

»Im Moment mit Maßen«, murmelte meine Freundin und versuchte wieder einzuschlafen.

Schwierig, das alles. Es lohnt sich, vorsichtig mit der Situation umzugehen. Seien Sie keine Klette (ich war es): Lassen Sie Ihre Kinder anstandslos gehen, wenn sie zu Besuch kommen und aufbrechen wollen und bleiben Sie selbst auch nicht ewig sitzen, wenn sie bei Ihren Kindern eingeladen sind.

Treffen an einem dritten Ort bewähren sich sehr gut – hier kann man ein neues Verhältnis von gleich zu gleich ausprobieren ohne die Gefahr, in alte Muster zurückzufallen. Das gilt für Mütter und Kinder. Auch die Jungen fallen leicht in altvertraute Verhaltensweisen zurück und ärgern sich dann so darüber, dass sie es an uns auslassen. Und oft ist es schmerzlicher, wenn die Kinder zuhause aus der Tür gehen als im Restaurant oder aus dem Kinosaal.

Auch in diesem Zusammenhang empfehlen sich Rituale. Sie erleichtern das Einüben neuer Verhaltensweisen, mildern Probleme des Übergangs. Sicher gibt es Vieles, was Sie früher gern und vielleicht auch regelmäßig miteinander gemacht haben. Knüpfen Sie daran an, wenn Ihre Kinder Ihnen ein Zeichen geben, dass sie für etwas Gemeinsames bereit sind. Es kann gut sein, dass Ihr Sohn oder Ihre Tochter selbst etwas vorschlagen, aber Sie können auch selbst – als Frage formuliert – eine Idee äußern. Seien Sie nicht beleidigt, wenn Ihre Kinder nicht darauf eingehen. Vielleicht ist es zu früh dafür gewesen. Vielleicht erinnern sich aber Ihre Kinder auch an andere Begebenheiten und Rituale, die ihnen gefallen haben, als Sie.

Gehen Sie auf die Wünsche Ihrer Kinder ein und stellen Sie Ihre zurück.

Wenn die neue Form der Bindung sich etabliert hat, können Sie Ihre Wünsche äußern, und vielleicht werden sie sogar erfüllt.

ABLÖSUNG IST EIN LANGSAMER PROZESS

Über sieben Brücken musst du gehen ...

Ich war so zufrieden mit mir. Fand, dass ich eine kluge Mutter bin, die den rechten Abstand zu ihrer Brut und weise den Mund hält. Und die dafür belohnt wird mit freundlichen Lebenszeichen aus der Welt der erwachsenen Söhne. Bis, ja bis sich in mir eine ganze Liste von fälligen Beschwerden angesammelt hatte, die sich plötzlich ihren Weg ans Licht bahnten und sich nicht mehr zurückhalten ließen. Ein Ärger war zum anderen gekommen.

»Du könntest dich wirklich mal um deine Großmutter kümmern, sie war immer für dich da, als du klein warst!«

»Wenn meine Freundin x sich schon anbietet, dir zu helfen, dann halt dich, bitte schön, auch an die Termine, die du mit ihr abgemacht hast und versetze sie dann nicht!«

»Hast du dich jetzt zu dem Französischkurs angemeldet, den ich dir rausgesucht habe? Jetzt hast du Zeit dazu, und die Zeit drängt. Du weißt, dass bei dem Studiengang gute Französischkenntnisse vorausgesetzt werden, und wenn das Semester erst mal angefangen hat, kommst du abends ganz sicher nicht mehr zum Lernen! Und zahlen tue ich das Ganze schließlich auch.«

»Und überhaupt: die paar Seiten, die ich dich gebeten habe durchzulesen, hättest du auch mal anschauen können. Ich bitte dich ja sonst kaum je, mal was für mich zu tun …«

Autsch!

Ich bin hier und da ziemlich temperamentvoll, und hier war es mal wieder so weit. Auf das Schrecklichste!

Die Antwort war eisig.

Tränen schossen mir in die Augen. Die Entgegnungen waren scharf wie Dolche. Wo hat er diese Formulierungen nur her, dachte ich zu Tode verletzt und ahnte, er könnte es von mir haben.

Es entspann sich ein Mail-Wechsel zwischen uns, die Bälle flogen scharf und trafen. Eine Einladung in ein Konzert schlug mein Sohn aus. Trotzdem: er sei, im Gegensatz zu mir, nicht sauer, freue sich auf ein anderes Mal, reagiere aber hier nur, wie ich es ihm aufgetischt hätte.

Krise!

Die Botschaft war klar: Mische dich nicht ungebeten in meine Angelegenheiten ein, um dann zu erwarten, dass ich so reagiere und handle, wie du es erwartest.

Ich bin zerknirscht.

Mein Sohn hat Recht. Ich hab auch Recht. Aber nur ein kleines bisschen. Er hat mehr Recht.

Pause in den bilateralen Verhandlungen.

Stille.

Es vergeht eine Zeit.

Wer macht den ersten Schritt? Ich muss den ersten Schritt machen.

Er macht den ersten Schritt. Er kommt bei mir vorbei.

Erleichtert fallen wir uns in die Arme.

Es ist schrecklich, verkracht zu sein.

Die Ablösung zwischen Eltern und Kindern
ist ein langer und langsamer Prozess.
Rückfälle gibt es dabei nicht nur einmal,
und ganz abgeschlossen ist er vielleicht nie.
Aber ein Fehler führt garantiert zum
zeitweiligen Einfrieren der Beziehungen:
Wenn wir uns erstens in die Angelegenheiten
unserer erwachsenen Kinder ungefragt
einmischen und dann auch noch zweitens
erwarten, dass sie unserer Kritik
oder Anregung Folge leisten.
Ich fürchte, es gibt keine Mutter,
die diesen Fehler *nicht* mindestens einmal
oder immer wieder macht. Macht nichts!
Wenn Ihnen das passiert:
Sie sind nicht allein. So was nennt man
»learning by doing«. Eine durchaus
effiziente Methode lebenslangen Lernens.

Schwelgen in Erinnerungen

Weißt du noch, als wir …?

Nicht nur Mütter verlieren sich gern in der Vergangenheit. Auch unsere Kinder kramen manchmal gerne lustvoll in Erinnerungen, wenn sie mal wieder zu Besuch auf dem alten Sofa sitzen. Vielleicht brauchen sie Ablenkung und Nestwärme, weil sie gerade Liebeskummer haben, oder sie sind milde und nostalgisch gestimmt, weil sie sich im Gegenteil verliebt haben. Oder der Apfelkuchen hat so gut geschmeckt wie damals, als …

Wie auch immer, manchmal überkommt es auch die Nestflüchter und sie holen freudig das Fotoalbum hervor oder fangen plötzlich an, von alten Kindertaten zu schwärmen oder dem Tag, wo sie schwänzen durften zum Trost, weil sie sich beim ersten Kartoffelschälen so in den Finger geschnitten hatten, dass das

Blut auf den Boden tropfte. Oder sie erinnern sich, wie unheimlich es war, als sie nachts im Stockdunkeln, nur mit einer Taschenlampe bewaffnet, zu Fuß in den Ferienort zurückwandern mussten, weil das Auto seinen Geist aufgegeben hatte.

Genießen Sie diese gemeinsamen Momente, die das alte Band erneuern und doch zugleich ein gelingender Teil des Ablösungsprozesses sind.

Das war damals. Man kann das Damals hervorholen, betrachten und liebevoll zurück in die Schachtel »Vergangenheit« legen. Sorgfältig.

Schön war das damals.

Freuen Sie sich, wenn Sie gemeinsam
mit Ihren ausgezogenen Kindern
in Erinnerungen schwelgen können.
Es vertieft die Beziehung und hilft
bei der Ablösung. Erinnerungen gehören
zwar der Vergangenheit an, doch es sind
die Erinnerungen, die uns ein Gefühl
der Kontinuität geben, die sich durch
unser Leben zieht. Sie halten das Leben
von seinen frühen Zeiten an bis heute
für uns »verfügbar« – Erinnerungen
haben deshalb einen unschätzbaren Wert
für den Menschen.

Wenn die Kinder zurückkommen

Gerade ging es mir endlich gut!

Letzten Sonntag hat mein Sohn für mich gekocht. »Du kannst gern in die WG kommen, aber eigentlich würde ich lieber bei dir kochen, ist gemütlicher und mehr Platz ...«

Er hat ein neues Kochbuch, und er brachte nicht nur alle Zutaten selbst mit, sondern auch seine neue Freundin. Wir werkelten in der Küche wie in alten Zeiten, denn er hatte es so eingerichtet, dass wir zum Kochen allein waren und seine Liebste erst zum Essen kam.

Düfte zogen durch die Wohnung, ich bewunderte die Geduld und Präzision, mit der mein Sohn die Kräuter hackte, wie liebevoll er die Stubenküken mit der Marinade massierte und nahm gern die kleinen Küsse hin, die er mir zwischendurch fröhlich auf die Wange drückte. Es war ein glücklicher Abend. Seine Freundin und ich kamen gleich in ein gutes Gespräch, wir saßen lange, bis Mitternacht, am runden Esstisch.

»Das Klavier kommt dann Anfang April mit der Speditionsfirma«, hieß es dann zum Schluss. »Da musst du nicht unbedingt da sein. Das Klavier kommt einfach wieder an den alten Platz. Da stand es ja prima. Den Umzug mit den übrigen Sachen mache ich dann etwas später. Die Kommode könntest du eigentlich unten lassen, die ist praktisch, und die anderen Sachen bring ich auf den Dachboden.«

Mein Sohn fängt eine neue Ausbildung in einer anderen Stadt an. Dort hat er ein möbliertes Zimmer, und am Wochenende und zwischen den Praktika kommt er, so erfuhr ich, heim.

»Manchmal kann ich am Wochenende ja vielleicht auch zu dir kommen …«, sagt er und fasst die Hand seiner Liebsten. Sie nickt. Und ich nicke auch.

Denn wenn ich das Gästezimmer brauche, weil Freunde kommen, dann muss er raus.

Auch wenn mein Herz hüpft bei dem Gedanken, ihn Klavier spielen zu hören, während ich in der Küche das Abendessen mache.

P.S. Manchmal denke ich, ich könnte eigentlich selbst wieder beginnen, Klavier zu spielen. Der »Mikrokosmos« von Bela Bartok, das sind wunderbare, kleine Stücke – große Musik für Anfänger.

Selbstständigkeit will finanziert sein

Und wie ist das mit dem Geld?

Wie ich schon sagte, mein Sohn fängt noch einmal eine neue Ausbildung an. Ich bin damit sehr einverstanden, ich glaube, was er vorhat, passt zu ihm. Eigentlich hat er ja einen Beruf. Aber er kann die Ausbildung nicht nebenher machen. Ganz im Gegenteil. Während der Unterrichtssemester wird er nicht nebenher arbeiten können, bei den Praktika hingegen ein wenig verdienen.

Wir haben nicht nur über die Finanzierung seines Traums ausführlich gesprochen, sondern, zwei Jahre zuvor, auch über die Verwirklichung meines Traums. Damals hat er mich unterstützt, jetzt unterstütze ich ihn. Das hat nicht unbedingt und nur mit Geld zu tun.

»Mach, was dich glücklich macht!«, hat mein Sohn gesagt, als ich ihm vor ein paar Jahren erzählte, dass ich mich gern selbstständig machen, meinen Job kündigen wollte. Wir sprachen darüber, dass ich nicht mehr viel verdienen würde und er sich, nach Abschluss seiner Lehre, auf eigene Füße würde stellen müssen.

Ich habe meinen Entschluss bis heute nie bereut, mich selbstständig zu machen, und finanziell geht es immer irgendwie. Ich habe mir seit Jahren ein Sparpolster angelegt, damit ich den Sprung einmal wagen könnte, ohne vor Existenzangst gleich den Schlaf zu verlieren. Mein Sohn hat sich Jobs gesucht, bis er wusste, wie es weitergehen sollte. Er fand immer gut, dass ich diesen Schritt gewagt habe.

Jetzt ist es an mir, seinen Traum zu unterstützen – ohne meinen aufzugeben.

Ich werde ihm finanziell aushelfen mit meinem Ersparten, aber ich werde ihm das Geld nicht schenken. Es wird ein Darlehen sein, das er mir später in Raten zurückzahlen wird, wenn ich das Geld brauche.

Was ich mit meiner eigenen Geschichte sagen möchte: Wir sollen alles für unsere Kinder tun und sie nach Kräften darin unterstützen, das zu tun, was sie glücklich macht. Nicht immer können wir diese Träume auch finanzieren. Das ist auch nicht nötig und oft nicht einmal sinnvoll.

Ich bin noch in der Nachkriegszeit aufgewachsen und meine Mutter, die allein für zwei Kinder aufkommen musste, hat am Wirtschaftswunder nicht teilgehabt. Es hat mir nicht geschadet. Im Gegenteil: Das Leben und jedes Geschenk, aber auch, was ich mir selbst erarbeitet habe, ist kostbar. Ich bin zufrieden. Und mein Sohn ist es auch.

Es ist schön, wenn Sie Ihren Kindern materielle Fülle bieten können. Aber es ist nicht alles. Es ist nicht das WESENTLICHE.

Zuspruch, Unterstützung, Stärkung kann auch auf andere Art geschenkt werden.

Und, das ist eine Erfahrung, die ich immer wieder gemacht habe, es tut unseren Kindern gut, wenn auch wir Träume haben, Sehnsüchte, Wünsche. Dass das Glück nicht vom Wohlstand abhängt, haben alle Studien zum Glück ergeben. Und eigentlich wissen das die Menschen ja auch ohne Wissenschaft vom Glück.

> Es gibt keine bessere Erziehung zu einem glücklichen Leben als das Vorbild eigenen Lebensglücks. Ihre Kinder werden es Ihnen danken, wenn Sie selbst glücklich sind. Denn dann haben sie die innerliche Erlaubnis, ihr eigenes Glück zu suchen, ohne Sorge, die Eltern im Stich zu lassen.

Respekt!

Man könnte auch sagen: Liebe. Respekt ist ein großer Teil der Liebe, der halbe Preis sozusagen. Weil wir unsere Kinder lieben, schulden wir ihnen Respekt. So wie wir nicht heimlich in den Tagebuchnotizen unserer Töchter lesen und auch bei einem Kinderzimmer anklopfen sollten, wenn die Tür geschlossen ist, so müssen wir auch jetzt, wo sie ausgezogen sind, in uns allen Respekt mobilisieren, um nicht alles besser zu wissen.

»Wieso hast du denn *dieses* Sofa gekauft? Das passt doch nun wirklich nicht zu den übrigen Sachen!«

»Du hättest doch den Teppich von mir haben können, den ich im Keller habe. Da hättest du ein schönes Stück und noch dazu viel Geld gespart!«

»Also, da hätte ich erst mal nachgefragt!« Und überhaupt: »Ich weiß nicht recht, ob das Mädchen zu dir passt.«

Nicht-Einmischung ist das große, schwere Zauberwort. Zaubern muss man lernen, wie wir spätestens seit Harry Potter wissen, und sich nicht einzumischen ist das schwerste Zauberkunststück von allen.

Übrigens danken es Ihnen auch Ihre alten Eltern, wenn Sie sich nicht ungefragt einmischen. Zum Beispiel, wenn Ihre alte Mutter das Erbe – das schließlich immer noch ihr gehört – für große Reisen »verschleudert«, weil sie trotz ihres hohen Alters noch Lust auf unbekannte Länder hat. Oder wenn Ihr Vater sich im Altersheim verliebt hat.

Beißen Sie sich auf die Zunge, wenn die falschen Sätze schon herausrutschen wollen, kneifen Sie sich in die Wade. Üben Sie!

Perfekt werden wir nie. Aber Fortschritte sind möglich.

Und vielleicht haben Sie Glück, und Ihre Kinder respektieren Ihre Bedürfnisse ebenso.

Respekt ist ein Teil der Liebe,
der Teil, den wir unseren Kindern
in jedem Fall schulden.
Dazu gehört, dass Sie verlernen,
sich in die Angelegenheiten Ihrer
erwachsenen Kinder einzumischen.
Sich als Mutter nicht einzumischen
ist sehr schwer, das Schwerste überhaupt.
Perfektion gibt es nicht, aber wenn
Sie fleißig üben, schaffen Sie es vielleicht,
dass Ihre Kinder nachsichtig lächeln,
wenn es doch hin und wieder
schiefgehen sollte.

WENN KINDER NICHT GEHEN UND ELTERN NICHT LOSLASSEN

~~Hotel~~ Mama

Nicht nur das Alter ist eine Lebensphase, die immer länger wird, weil wir immer älter werden. Auch die Jugend dauert heute länger als noch vor wenigen Generationen; bis zum 30. Lebensjahr etwa, sagen die Soziologen. Ich stelle es mir immer vor wie einen Halbkreis, der gedehnt wird. Dabei streckt sich natürlich das Ganze, nicht nur das Ende des Halbkreises: die Jugend wird länger und auch der Zenit des Lebens, das mittlere Lebensalter.

Diese Tatsache spiegelt sich zum Einen darin, dass unsere Kinder viel später als wir selbst noch mit ihrer Ausbildung fertig sind, den Beruf gefunden haben, in dem sie (für eine Weile) arbeiten können und wollen. Sie wollen mehr ausprobieren, müssen es als »Generation Praktikum« auch, und das heißt denn auch zum Anderen, dass sie länger von uns abhängig sind. Was wiederum bedeutet, dass sie oft noch lange nach dem 20. Lebensjahr zuhause wohnen. Das ist praktisch für die Jungen, kostengünstiger für die Eltern und besser erträglich als früher, weil wir keine autoritären Eltern, sondern – bestrebt, jung zu bleiben – sozusagen zu Freunden unserer Kinder geworden sind.

Psychologisch hat das Konsequenzen. Es begünstigt das »Hotel Mama« für beide Seiten. Ist doch praktisch, wenn Mutti weiterhin die Wäsche macht und den Eisschrank auffüllt, das Telefon abnimmt und die Sachen aus der Reinigung holt. »Ach, könntest du vielleicht mal eben …« Oft kann sie, die Mutti, weil sie an ihrer Jüngsten, ihrem geliebten Ältesten nur gar zu gerne festhält aus Angst, in das große Loch zu fallen, wenn die Lieben ausziehen.

Oh ja, wir ahnen schon, dass uns dann eine Zeit erwartet, in der wir Selbsterkenntnis üben, eine Bestandsaufnahme machen und neue Pfade harken müssen … Dass nichts beim Alten bleiben kann, dann, wenn sie weg sind.

Ich bin der unbequemen Meinung, dass wir nicht die Freunde unserer Kinder sind und nicht ewig jung bleiben, auch wenn wir von hinten, gut trainiert und schick gekleidet, so aussehen.

Unsere Kinder gehören einer anderen Generation an. Wir werden sie nie ganz verstehen und sie uns auch nicht. »Eine Mutter bleibt immer eine Mutter«, sagte einmal mein junges spanisches Au-pair-Mädchen als Begründung, warum sie und mein kleiner Sohn vor mir ihre kleinen Geheimnisse hatten und pflegten. Sie hat Recht: Es gibt ihn, den kleinen, natürlichen Abstand zwischen Eltern und Kindern. Vieles kann man nur mit Gleichaltrigen besprechen, weil nur sie zur gleichen Zeit die gleichen Erfahrungen machen wie wir.

Das gilt für die Jungen und auch für uns.

So schwer es fällt: Liebe heißt nicht, solange nur irgend möglich für die Kinder zu sorgen, sondern für sie da zu sein, wenn sie uns brauchen. Ich liebe meinen Sohn sehr, aber ich habe es mir immer zur Pflicht gemacht (schwer!), ihn zur richtigen Zeit wegzuschicken, so weit, wie es seinem Alter angemessen war. Damit er den Weg in die Welt hinaus schafft und mich nicht dabei mitschleppen muss. Nicht immer habe ich das richtige Maß getroffen. Als das besagte Au-pair-Mädchen vorschlug, meinen Sohn mit in die Sommerferien zu ihrer Familie nach Spanien zu nehmen, wo sie eine Menge Geschwister hatte, überließ ich die Entscheidung meinem damals etwa 9-jährigen Sohn. Er trug sich eine ganze Weile damit herum, dann sagte er: »Mama, sag du, was ich machen soll. Ich kann das nicht sagen. Ich bin doch noch viel zu klein.«

Er hatte Recht. Ich entschied es für ihn. Ich hoffe, ich habe die richtige Wahl getroffen.

Auch zum »richtigen Zeitpunkt« der letzten Trennung und Loslösung gibt es eine Geschichte. Sie ist allerdings recht düster und hart, und wir haben zu dem Zeitpunkt, um den es in diesem Buch geht, noch eine Menge Zeit vor uns, bis es soweit ist wie in der Geschichte beschrieben!

In einer alten Kultur, in der karge Lebensumstände herrschten und es oft nur wenig und manchmal nicht genug für alle zu essen gab, war es üblich, dass die Mütter in der Familie ihrer erwachsenen Söhne lebten, bis ihnen die Zähne ausfielen. Dann war der Zeitpunkt gekommen, Abschied zu nehmen – von den Angehörigen und vom Leben – und in das Tal des Todes zu gehen, wo die Alten auf den Tod warteten und starben. Das war ein schreckliches Ende, und nicht alle Frauen wollten dieses Schicksal annehmen. So verbarg eine Mutter, dass ihr die Zähne ausfielen, und sie täuschte ihre Familie lange darüber. Doch gab es immer mehr Spannungen und je länger es dauerte, umso gereizter und böser wurde die Atmosphäre im Haushalt. Eines Tages platzte dem Sohn der Kragen. Er packte die Mutter und sagte: »Ganz gleich, ob du noch Zähne hast oder nicht. Jetzt will ich dich nicht mehr im Haus haben.« Und er packte sie und trug sie gegen ihren Widerstand ins Tal des Todes, kehrte sich auf der Stelle um und ließ sie ohne ein letztes Wort allein ...

Eine andere Mutter war sehr gesund, obwohl sie schon ein hohes Alter erreicht hatte. Sie lebte lange im Haus ihres Sohnes, und kein einziger Zahn fiel ihr aus. Die Jahre vergingen, und als sich nichts daran änderte, schlug sich eines Tages die Mutter die Zähne selbst aus. »Bring mich in das Tal des Todes«, sagte sie zu ihrem Sohn, »es ist Zeit, die Zähne sind mir ausgefallen.« Der Sohn war traurig und wehrte sich dagegen. Er liebte seine Mutter und wollte sie bei sich behalten. »Du kannst dich nicht gegen die Gesetze stellen«, sagte die Mutter und zwang ihn, sie zum Tal des Todes zu tragen. Immer wieder blieb er stehen und wollte umkehren, aber sie trieb ihn vorwärts. »Niemals kann ich dich hier lassen!«, rief der Sohn aus, als er das öde, düstere Tal erblickte. »Du musst«, sagte die Mutter. »Dann bleibe ich hier bei dir!«, flüsterte der Sohn und hielt seine Mutter eng umschlungen. »Das ist nicht möglich«, antwortete seine Mutter und stieß ihn sanft von sich. »Du musst leben, und ich muss sterben. Das ist der Lauf der Welt.«

Gott sei Dank sind wir hoffentlich noch weit vom Tal des Todes entfernt. Und doch:

Kinder, die nicht ausziehen wollen, wollen nicht erwachsen werden. Und Eltern, die ihre Kinder nicht gehen lassen, wollen nicht älter werden. Und doch ist das der Lauf der Welt.

Die Kinder leben ihr eigenes Leben

O Gott, ich hab versagt!

Zweifellos, Sie haben Fehler in der Erziehung gemacht. Ich jedenfalls kann mich diverser Fehler bezichtigen. Ich versuche, wenn ich darüber nachgrüble, an das Gedicht von Louis Borges zu denken, in dem es heißt:

»Wenn ich mein Leben noch
einmal leben könnte, im
nächsten Leben würde ich
versuchen, mehr Fehler zu
machen.
Ich würde nicht so perfekt sein
wollen, ich würde mich mehr
entspannen.«

Versagen ist noch einmal etwas anderes als Fehler machen. Versagen heißt: *alles* falsch gemacht zu haben.

Wenn ich selbst oder jemand anders sich dessen bezichtigt, versagt zu haben, werde ich hellhörig. Kaum jemand macht alles falsch. Wer sich so in Bausch und Bogen verdammt, hofft auf die totale Absolution. »Ist ja gar nicht wahr. Du hast es schon richtig gemacht, wo denkst du hin!«

Das ist aber genau der Punkt. Wir machen es nicht immer richtig. Wir müssen uns damit abfinden, dass wir nicht die besten Eltern der Welt sind.

Übrigens: Hinter der Selbstbezichtigung steht oft die Anklage gegen den anderen: *Du* hast versagt!

Eigentlich haben Sie gewollt, dass Ihr Kind studiert. Eigentlich haben Sie sich gewünscht, dass Ihr Kind die gleiche Partei wählt wie Sie. Eigentlich haben Sie erwartet, dass Ihr Kind nicht so früh Vater/Mutter wird oder mehrere statt nur einen Enkel bringt, sich in der Nähe statt in Australien niederlässt, Konditor wie Sie und nicht Bandleader wird, sportlich statt unsportlich ist, Ihren Bekannten statt seinen Freunden gefällt.

Sagen Sie nie, dass Sie in der Erziehung
versagt haben! Es ist vermutlich nicht wahr.
Und Sie drehen damit leicht den Vorwurf
»Du, mein Kind, hast versagt!« um
in eine nicht ehrlich gemeinte
Selbstbezichtigung. Leben Sie mit
den Fehlern, die Sie gemacht haben.
Wenn es große sind, versuchen Sie,
mit Ihren Kindern ehrlich darüber zu reden.
Hoffen Sie nicht auf Absolution,
sondern auf Klärung und Verständnis
für Ihre damalige Situation.

Übrigens gibt es einen großen Trost im Leben. Unsere Kinder nehmen uns meist ganz andere Dinge übel, als wir meinen. Was wir für schlimme Fehler halten, die wir gemacht haben, haben sie oft völlig vergessen, und irgendeine Kleinigkeit, auf die wir nie gekommen wären, halten die Kinder uns vor.

Es ist ein spannendes Unterfangen, mit Kindern darüber zu sprechen. Man lernt nie aus!

DEN BLICK AUF EIN GRÖSSERES AUSSEN RICHTEN

Neue Ziele, neue Aufgaben

Lange genug haben wir den Blick jetzt nach innen gerichtet. Es wird Zeit, tief durchzuatmen und die Augen frei schweifen zu lassen: Da ist die Welt. Der ganze wunderschöne Planet, auf dem wir geboren sind. Den die Sonne bescheint, die Wolken verhüllen, den der Regen befeuchtet, der Schnee (manchmal noch) bedeckt.

Wir sind da.

Noch immer da.

In einer Welt voller Schönheit und voller Probleme.

Umgeben von Menschen, die uns brauchen und nicht brauchen, mögen und ablehnen, vielleicht hassen und vielleicht lieben.

Einen Teil Ihres Lebens haben Sie bewältigt.

Ein anderer liegt noch vor Ihnen. Vielleicht ein bisschen beängstigend, aber auch sehr verlockend.

Da gibt es persönliche Ziele, die Sie sich jetzt stecken werden, Wünsche, die Sie verwirklichen, Aufgaben, die Sie im Rahmen Ihres eigenen Lebens anpacken wollen.

Mit der Zeit Ihrer neuen Freiheit kommt aber auch die Gelegenheit, über den eigenen, engen persönlichen Rahmen hinauszuschauen. Sie haben als Mutter und vielleicht in Ihrem bisherigen Erwerbsleben viele wichtige Erfahrungen gesammelt, die sich jetzt im Engagement für eine größere Aufgabe fruchtbar machen lassen.

Sie hätten viel zu sagen. Sagen Sie es!

Sie könnten eine Menge weitergeben. Tun Sie es!

Erweitern Sie den Kreis Ihrer Gedanken über sich selbst und Ihre Familie hinaus. Jetzt ist der Zeitpunkt dafür da und die Energie, die Kraft und die Geistesschärfe dafür sind noch gegeben.

Antoine de Saint-Exupéry sagte einmal über die Liebe zwischen zwei Menschen, dass sie nur Bestand habe, wenn man auch den Blick zusammen auf in der Ferne liegende Ziele richten könne. Der Blick nach außen, über den eigenen kleinen Dunstkreis hinaus, könnte deshalb nicht nur Sie selbst beflügeln, sondern auch Ihrer Beziehung gut tun. Und auch, wenn Ihr Partner nicht mitzieht: Sie werden für ihn sehr viel interessanter werden, wenn Sie sich mit Engagement noch einmal der Welt da draußen zuwenden und den alten Langweiler in der Sofaecke zurücklassen. Sollte er Sie aber nicht dafür bewundern und schätzen, dann machen Sie sich nichts daraus: Gehen Sie Ihren Weg. Sie brauchen keine Bestätigung von Ihrem Mann. Sie werden positive Rückmeldungen von anderer Seite bekommen, und wenn Sie mit dem, was Sie tun, glücklich und zufrieden sind, brauchen Sie überhaupt keine Bestätigung von außen. Sie wissen dann selbst, dass Sie es richtig machen.

Freunde, auch eine Art Familie

Den Blick nach außen richten. Lange haben wir nach innen geschaut, uns einer Introspektion unterzogen: Wie fühlen wir uns? Was vermissen wir? Worunter leiden wir? Wo liegen alte Träume begraben? Wie lassen wir die Kinder los? (Und wie versuchen wir, sie zurückzuhalten?)

Das erste Jahr nach dem Auszug der Kinder ist schwierig und für die meisten Mütter ein emotionales Auf und Ab.

Fast wie damals, als unser erstes Kind geboren wurde. Da gab es Ratgeber, die hießen »Das erste Jahr«, »Babyjahre« oder so ähnlich.

Auch jetzt haben wir ein »erstes Jahr« zu durchleben, nachdem die Babys von dannen gezogen sind.

Wenn wir Glück haben, begleiten uns eine oder mehrere gute Freundinnen durch diese Zeit. Die stecken vielleicht gerade in derselben Erfahrung oder haben sie – angstvoll – noch vor oder – gebeutelt, aber glücklich – hinter sich. Alleinerziehende Mütter sind mit engeren Freundinnen unter Umständen besser »versorgt« als Mütter, die Ehefrauen sind und sich stark auf ihre Ehe und Familie konzentriert haben. Auf jeden Fall lohnt es sich, jetzt den eigenen Freundeskreis zu stärken. Manche Freundinnen hat man aus den Augen verloren, kann sein, sie hatten keine Kinder und deshalb andere Sorgen und Freuden, mag sein, unsere Kinder wollten nicht zusammen spielen oder unsere Erziehungsweise missfiel uns gegenseitig. Vielleicht fanden wir die Gespräche irgendwann einmal langweilig – immer nur über die Kinder reden … oder unsere alten Freundinnen leben inzwischen über die ganze Welt verteilt.

Jetzt ist es Zeit, die »Familie« der Freunde zu pflegen, etwas vom Besten, was man zum Beispiel im Hinblick auf das Älterwerden tun kann. Gute, freundschaftliche Kontakte sind ein wichtiger Faktor für das Wohlbefinden im Alter, belegen viele Studien.

Machen Sie eine Bestandsaufnahme:

Wie sieht Ihr Freundeskreis aus? Ein Garten, in dem man wieder einmal etwas tun sollte? Auch im Garten der Freundschaft gibt es Pflanzen, deren Wurzeln abgestorben sind, die nicht mehr grünen werden;

andere brauchen einfach neue Erde, müssen in Form geschnitten, gegossen und ein bisschen gedüngt werden, und schon blühen sie wieder. Es gibt auch Plätze im Garten, meist nahe dem Haus, denen wir immer eine gewisse Aufmerksamkeit geschenkt haben, weil wir sie vom Fenster aus im Blick hatten, und es gibt Pflanzen, die müssen umgetopft oder an eine andere Stelle versetzt werden. Freundschaften sind etwas Lebendiges: sie wachsen und verkümmern, haben »Jahreszeiten«, in denen sie »blühen«, dann gibt es wieder Zeiten, wo sie unwichtiger werden, andere Freundschaften ihnen den Platz streitig machen. Auch die »Immergrünen« gibt es – lebenslange Freundschaften, die viel aushalten und auch karge Winterzeiten überdauern.

Wenden Sie sich diesem Garten zu und schaffen Sie sich eine neue, erweiterte Familie.

Aufgehoben in einem solchen vergrößerten Kreis fällt es leichter, die Kinder ihrer Wege gehen zu lassen.

Ein guter Freundeskreis ist eine »erweiterte Familie«. In diesem Kreis geborgen und aufgehoben, fällt es leichter, die Kinder gehen zu lassen.

Vom Geschenk, Mutter (gewesen) zu sein

Ich höre schon den Aufschrei: Aber Mutter ist eine Frau doch ihr ganzes Leben lang! Auch wenn sie uralt ist. Auch wenn ihr Kind gestorben sein sollte.

Natürlich. Selbstverständlich!

Trotzdem wage ich es, etwas in dieser unumstößlichen Tatsache herumzustochern. Damit die selbstverständlichen Dinge nicht allzu selbstverständlich genommen werden.

Mutter zu werden und zu sein ist ein biologischer Vorgang. Es ist aber auch eine Rolle, eine unter anderen, die wir im Leben spielen. Diese Rolle kann als Hauptrolle vieles andere verdrängen, bei manchen Frauen wird sie nie besetzt, bei anderen ist sie eine Rolle neben anderen. Manchmal wandelt sie sich und wird mit den Jahren von einer Haupt- zu einer Nebenrolle. Die Mutterschaft als soziale Rolle ist nicht festgeschrieben. Und das ist auch gut so.

Erinnern Sie sich an den Satz von Khalil Gibran, dass Kinder nur eine Leihgabe des Himmels sind? Eigentlich wissen wir das. Aber ist es nicht auch so: Wenn man eine Leihgabe nur lange genug behält, ist es doch fast, als gehöre sie einem ...

Unsere Kinder gehören uns nicht. Und deshalb ist es gut, wenn wir bereit sind, aus der Hauptrolle eine Nebenrolle zu machen, wenn die Kinder alt und reif genug sind, ihre eigenen Rollen im Leben zu suchen.

Einen Haken hat das Ganze: Jeder möchte gern die Hauptrolle spielen, und keiner tritt gern ins zweite Glied der Nebenrollen zurück. Sie können das sehr schön beobachten an denen, die im Rampenlicht standen, den roten Teppich und den Applaus, das Gewitter der Blitzlichter, die Macht für ihr Leben hielten. Es fällt schwer abzutreten. Ich meine das nicht ironisch.

Sie werden im Leben Ihrer Kinder jetzt nicht mehr die Hauptrolle spielen. Eine Kränkung. Ja. Ein Verlust. Ja.

Und eine Aufforderung, sich neue, große Rollen zu suchen. Hauptrollen auf einer anderen Bühne.

Die Fähigkeit zu lieben bleibt

Diesen Sommer werde ich ans Meer fahren. In die Normandie. Ich werde Flut und Ebbe beobachten, den ewigen Wechsel. Ich werde die Zeit völlig darüber vergessen. Es ist gut, die Zeit, die immer da ist und uns antreibt, wenigstens ab und zu zu vergessen. Ich werde in Gummistiefeln am weit gewordenen Strand im Schlick herumlaufen und leere Muschelschalen sammeln. Eine Zeitlang werden sie noch nach See riechen.

Der Wind wird mich hoffentlich durchblasen, bis ich mich fast durchsichtig vor Frische und Klarheit fühle.

Ich werde Fisch essen, Wein trinken, schlafen wie ein Stein.

Ich werde die Welt allein genießen, zu zweit und zu mehreren.

Mein Sohn, den es in die Ferne zieht, obwohl er eine Liebste hier hat, wird dann vielleicht auf Zypern arbeiten oder in Österreich oder in New York. Ich werde es früh genug erfahren.

Wenn ich heimkomme, werde ich die Druckfahnen für dieses Buch korrigieren. Außerdem habe ich beschlossen, beruflich noch einmal etwas ganz Neues anzufangen.

Aber zuerst einmal werde ich diesen Sommer ans Meer fahren.

Gütersloher Verlagshaus. Dem Leben vertrauen

Berührend.
Anregend.
Gelungen.

Freundin oder Feindin? Iris Krasnow erinnert sich an ihre Kindheit und an die Rolle, die ihre Mutter in ihrem Leben gespielt hat. Einfühlsam erzählt sie, wie sie als erwachsene Tochter mit Humor und Gelassenheit gelernt hat, die Ecken und Kanten der Mutter zu akzeptieren – um so Frieden mit ihr zu schließen, bevor es zu spät ist. Die Erfahrungen und Erlebnisse anderer Frauen runden dieses lesenswerte Buch ab.

Iris Krasnow
Ich bin die Tochter meiner Mutter
Frieden schließen, bevor es zu spät ist
Aus dem Amerikanischen übersetzt
von Ninon Thiem

256 Seiten / kartoniert
ISBN 978-3-579-06951-7

GÜTERSLOHER
VERLAGSHAUS

www.gtvh.de